Wolfgang Rieß
Reinhard Schlereth

Sternstunden Religion

Besondere Ideen und Materialien zu den Kernthemen der Klassen 7/8

Auer Verlag

Die Internetadressen, die in diesem Werk angegeben sind, wurden vom Verlag sorgfältig geprüft (Redaktionsschluss 4. November 2010). Da wir auf die externen Seiten weder inhaltliche noch gestalterische Einflussmöglichkeiten haben, können wir nicht garantieren, dass die Inhalte zu einem späteren Zeitpunkt noch dieselben sind wie zum Zeitpunkt der Drucklegung. Der Auer Verlag übernimmmt deshalb keine Gewähr für die Aktualität und den Inhalt dieser Internetseiten oder solcher, die mit ihnen verlinkt sind, und schließt jegliche Haftung aus.

Hinweisen an info@auer-verlag.de auf veränderte Inhalte verlinkter Seiten werden wir selbstverständlich nachgehen.

Gedruckt auf umweltbewusst gefertigtem, chlorfrei gebleichtem
und alterungsbeständigem Papier.

2. Auflage 2010
Nach den seit 2006 amtlich gültigen Regelungen der Rechtschreibung

Satz: YellowHand GbR, 73257 Köngen, www.yellowhand.de
Druck und Bindung: Kessler Druck + Medien GmbH, Bobingen
ISBN 978-3-403-0**6118**-2
www.auer-verlag.de

Inhaltsverzeichnis

Unterrichtsentwürfe sind wie ...

Ausgearbeitete Stundenentwürfe mit Kopiervorlagen und Arbeitsblättern sind sehr beliebt und finden immer wieder große Zustimmung und Anerkennung.
Dennoch sollen einige Metaphern auf das richtige Verständnis dieser Stundenentwürfe aufmerksam machen.

Stundenentwürfe sind wie ...

Aufwinde ... die Segelflugzeugen Flügel verleihen

Bälle ... mit denen man spielen kann

Blumensträuße ... man muss sie in einer Vase schön arrangieren

Kostbarkeiten in einer Schatztruhe ... man muss auswählen, womit man sich schmücken will

Angefangene Sätze ... man muss sie zu Ende führen

Wechsel auf die Zukunft ... man muss sie selbst einlösen

Stadtpläne ... man muss eine Adresse haben, um den Weg zu finden

Bäume ... man muss sie immer wieder beschneiden

Glatte Wasseroberflächen ... man muss die Untiefen erkennen

1. Sehnsucht nach einer neuen Welt – Jesu Botschaft vom Reich Gottes

1.1 Menschen haben Sehnsüchte und Fragen

Kompetenz

Sich in einen Menschen einfühlen und seine Sehnsüchte und (Gottes-)Fragen entdecken.

Motivation/Themenfindung

- L[1] zeigt Umrissskizze (vergrößerter Ausschnitt von **B1**): Skulptur von Jonathan Borofsky „Man walking to the sky" („Himmelsstürmer"), Kassel 1992 (in: Folienmappe EINFACH LEBEN 7).
- Sch[2] beschreiben den Mann und stellen Vermutungen an (z. B.: Ein Mann mit T-Shirt und Hose schreitet auf einer schrägen Ebene nach oben. Sein Gesicht ist nicht zu erkennen, aber seine Haltung drückt Entschlossenheit und Zielstrebigkeit aus.).
- L zeigt das vollständige Folienbild **(B2)**. Sch beschreiben (u. a.: Ein Mann marschiert mit großem, sicherem Schritt geradewegs auf das Ende der Stange [auf den Himmel?] zu).
- L bringt ggf. Informationen zum Bild ein **(B3)**.
- L: „Überlegt, welchen Titel der Künstler seinem Kunstwerk gegeben hat!"
- Ergebnisse werden an TA notiert.

B2

Jonathan Borofsky (geb. 1942), Man walking to the sky („Himmelsstürmer"), Kassel 1992; Foto: Dirk Bleicker

Erarbeitung

Die folgenden Fragen und Impulse können in EA/PA/GA schriftlich oder mündlich bearbeitet werden. Die Ergebnisse werden auf einer Folie vom nachfolgenden **AB**[3] gesichert.

- L: „Versetzt euch in den Mann auf der Stange hinein. Welche Gedanken oder Gefühle könnten ihm durch den Kopf gehen?" (Möglicherweise kommen die Sch selbst auf den Begriff „Sehnsucht", sonst bringt L ihn ein.)
- L: „Dem Mann, der da so zielstrebig nach oben eilt, stellen sich aber auch Fragen ..." (z.B.: Wo will ich eigentlich hin? Was finde ich, wenn ich oben bin? Was verleiht mir diese Sicherheit, was macht mich so mutig?)
- L: „Am Fuße der Skulptur erkennt man einige Personen. Welche Botschaft könnte ihnen das Kunstwerk vermitteln?"

Vertiefung

- L/Sch lesen die Geschichte „Der Gipfelstürmer" **(B4)**.
- L: „Bringt die Geschichte mit dem Bild in Verbindung! Wo könnte Gott auf dem Bild einen Ort haben?"
- Schülerideen werden durch Symbole (z.B. Sonne oder Dreieck mit Auge für Gott und Pfeile an den entsprechenden Stellen für den „Ort" Gottes) auf die Folie vom **AB** übertragen.

Sicherung

- Sch übertragen die Ergebnisse von der Folie auf das **AB**.

[1]L = nachfolgend Abkürzung für „Lehrerinnen und Lehrer"
[2]Sch = nachfolgend Abkürzung für „Schülerinnen und Schüler"
[3]AB = nachfolgend Abkürzung für „Arbeitsblatt"

B1

B3

Jonathan Borofsky „Man walking to the sky" – Informationen zum Bild

Anlässlich der „documenta" 1992 in Kassel installierte der amerikanische Maler, Bildhauer und Grafiker Jonathan Borofsky (geb. 1942) seine Skulptur „Man walking to the sky". Die Großplastik besteht aus einem 25 Meter langen silbrigen Stahlrohr, das einen Durchmesser von 30 cm hat und im Neigungswinkel von 65° in den Himmel ragt. Im Boden ist sie mit Stahlträgern und Betonwürfeln verankert, die für den Betrachter nicht sichtbar sind.

Die Installation beeindruckt durch die Verbindung von technischem Know-how und ästhetischer Wirkung. Trotz des schwergewichtigen Materials erscheint die Skulptur leicht und verspielt. Allen Naturgesetzen zum Trotz eilt der Mann mit sicherem und entschlossenem Schritt dem Himmel entgegen. An dieser Stelle hat ihn der Künstler „angehalten".

B4

Der Gipfelstürmer

John lebte in einem ostafrikanischen Tal. Er war ein frommer Christ, der regelmäßig betete und die Armen versorgte. Doch in seinem Tal bekämpften sich die Menschen in Eifersucht und Zwietracht. „Hier werde ich Gott nie finden", dachte John und machte sich auf den Weg, ihn zu suchen.

Am Horizont erblickte er eines Tages einen majestätischen Berg, der bis in die Wolken ragte. Plötzlich fühlte John sich sicher: „Da oben wohnt Gott!"

Während seines mühsamen Aufstiegs kam dem Wanderer ein bärtiger Mann entgegen, der erzählte, dass er auf dem Weg ins Tal zu den Menschen sei. Hierüber völlig verwundert, erreichte John schließlich den Gipfel. Doch ganz oben auf der Höhe fand er sich ganz allein. Enttäuscht rief er: „Gott, wo bist du?"

Da tauchte ein alter Mann auf: „Tut mir leid. Gott ist nicht hier. Du hättest ihn treffen müssen. Er war auf dem Weg ins Tal, um mit den Menschen zu leben."

Erzählung aus Tansania

Menschen haben Sehnsüchte und Fragen

1. Versetzt euch in den Mann auf der Stange. Welche Gedanken, Sehnsüchte und Fragen könnten ihm durch den Kopf gehen?
2. Am Fuße der Skulptur erkennt man einige Personen, die sich mit der Skulptur beschäftigen. Welche Botschaft des Kunstwerks könnte ihnen in den Sinn kommen? Notiert eure Ideen in die Gedankenblasen!
3. Skizziert durch farbige Symbole, wo Gott auf dem Bild einen Ort haben könnte!

1.2 Jesus tritt an die Öffentlichkeit
Was hat Jesus wirklich gewollt? Wofür hat er gelebt?

Kompetenz

Wesentliche Aussagen der Botschaft Jesu vom Reich Gottes nennen und die Nähe des Reiches Gottes in der Person Jesu erahnen.

Motivation/Themenfindung

- L legt Folienbild „Das Abendmahl" (La Cène, Ausschnitt) von Salvador Dalí (in: Folienmappe EINFACH LEBEN 7 oder aus dem Internet) auf. Dabei wird das Bild in Abschnitten aufgedeckt: zuerst das Brot und das Glas mit Wein, dann das Boot, schließlich die Gestalt Jesu.
- Sch beschreiben die aufgedeckten Bildabschnitte, deuten die Gegenstände und erspüren die hoheitsvolle Geste Jesu, die in Blick, und Haltung (bes. der Arme) zum Ausdruck kommt.
- L bringt ggf. Informationen zum Bild ein **(B1)**.
- L legt drei leere Sprechblasen als Folien auf **(B2a)**.
- L: „Legt Jesus Sätze in den Mund, die er in dieser Situation sprechen könnte."

Begegnung/Erarbeitung

- Sch lesen **B3**.
- L: „Sucht aus dem Text die wichtigsten Aussagen über das Reich Gottes heraus und unterstreicht sie."
- L: „Versucht die Sätze aus dem Neuen Testament mit eigenen Worten wiederzugeben."
  Schülerformulierungen werden in drei weiteren leeren Sprechblasen auf der Folie notiert **(B2b)**.
- L: „Der Ausdruck „Reich Gottes" klingt heute fremd in unseren Ohren. Beschreibt mit eigenen Worten, was man unter dem Reich Gottes verstehen kann."
- L: „Vergleicht die Aussagen mit euren Vermutungen vom Anfang." (Foliensprechblasen)

Vertiefung

- L: „In der Person Jesus ist das Reich Gottes schon nahe gekommen. Wie kann man das verstehen?"
- L: „Zum Reich Gottes lassen sich noch andere Fragen stellen. Sammelt solche Fragen und versucht sie zu beantworten."

Sicherung/Hausaufgabe

- Sch übertragen die wichtigsten Aussagen, die Jesus über das Reich Gottes gemacht hat, in die Sprechblasen des **AB**.
- L: „Der Ausdruck ‚Reich Gottes' klingt heute fremd in unseren Ohren. Beschreibt mit eigenen Worten, was man unter dem Reich Gottes verstehen kann." (Z.B.: Umfassendes Glück aller Menschen bei Gott).
- L: „Gestaltet das Umrissbild so, wie ihr euch Jesus als Verkünder seiner Botschaft vorstellen könnt."

Projektidee

- L: „Mathematik: 5 – trotzdem ein Mensch": Diesen und andere Sätze haben Sch auf Plakate geschrieben und in ihrer Schule aufgehängt. Überlegt euch Sätze, die ihr als Botschaften an eure Mitschüler in der Schule richten wollt. Gestaltet diese Botschaften als Plakate und hängt sie in der Schule aus.

B1

Salvador Dalí, Abendmahl (La Cène) (Ausschnitt) – Bildbeschreibung

Die Gestalt eines jugendlichen Jesus mit langen blonden Haaren scheint aus dem Wasser emporzusteigen. Eine Wasserlinie liegt auf der Höhe der Tischkante, eine zweite Linie unterhalb des Mundes Jesu. Die rechte Seite seines Oberkörpers ist mit einem faltenreichen weißen Tuch bekleidet. Der Blick geht in die Ferne. Mit der linken Hand zeigt die Gestalt auf sich, die andere Hand ist zu einer hoheitsvollen Geste mit hoch gestreckten Daumen und Zeigefinger erhoben. Der Tisch ist mit einer Tischdecke bedeckt. Auf dem Tisch steht ein einfaches, halb gefülltes Glas mit rotem Wein und links davor liegt ein Stück abgebrochenes Brot. Zwischen Tischkante und dem aus dem Wasser aufragendem Jesus ist ein einfaches Fischerboot zu sehen. Im Hintergrund des Bildes erheben sich aus dem Dunst des Wassers Hügel und Berge. Es überwiegen helle gelbbraune Töne.

B2a

B2b

Was hat Jesus wirklich gewollt? Wofür hat er gelebt?

„Nachdem man Johannes (den Täufer) ins Gefängnis geworfen hatte, ging Jesus wieder nach Galiläa; er verkündete das Evangelium Gottes und sprach: Die Zeit ist erfüllt, das Reich Gottes ist nahe. Kehrt um, und glaubt an das Evangelium!"(Mk 1,14-15) Dieser Satz steht am Beginn des Markusevangeliums, dem ältesten der vier Evangelien. In diesem Satz fasst Markus den Inhalt der Botschaft Jesu zusammen. Er ist eine Art Programm. Was hat Jesus wohl mit diesem Satz gemeint? „Reich Gottes" ist für Jesus ein Zustand, in dem Gott den Menschen so nahe ist, dass für jegliche Not, jegliches Leid und den Tod kein Platz mehr ist. Es ist einfach so etwas wie das von Gott geschenkte absolute Glück des Menschen, was Jesus verkündet. Daher ist es auch kein Wunder, dass Markus diese Botschaft „Evangelium", d.h. „Gute Nachricht" nennt. Weil sie als so wunderbar empfunden wurde, wollten es die Menschen damals genauer wissen und fragten: **Wie entsteht das Reich Gottes und wie breitet es sich aus?** Darauf antwortete Jesus nicht mit einer sachlichen Erklärung, sondern mit mehreren Gleichnissen, z.B. dem Gleichnis vom Senfkorn (Mk 4,30-32): „Womit sollen wir das Reich Gottes vergleichen, mit welchem Gleichnis sollen wir es beschreiben? Es gleicht einem Senfkorn. Dieses ist das kleinste von allen Samenkörnern, die man in die Erde sät. Ist es aber gesät, dann geht es auf und wird größer als alle anderen Gewächse und treibt große Zweige, so dass in seinem Schatten die Vögel des Himmels nisten können."

Noch andere Fragen werden die Leute Jesus gestellt haben: **Wo befindet sich das Reich Gottes?** Beim Evangelisten Lukas findet sich ein Satz, der eine Antwort auf diese Frage sein könnte: „Man kann auch nicht sagen: Seht, hier ist das Reich Gottes!, oder: Dort ist es! Denn: Das Reich Gottes ist mitten unter euch." (Lk 17,21)

Schließlich interessierte die Leute: **Welche Voraussetzungen muss man für das Reich Gottes mitbringen?** Eine Antwort findet sich bei Mk 10,14-15: „Als Jesus sah, wie die Jünger die Leute mit ihren Kindern abweisen wollten, wurde er unwillig und sagte zu ihnen: Lasst die Kinder zu mir kommen; hindert sie nicht daran! Denn Menschen wie ihnen gehört das Reich Gottes. Amen, das sage ich euch: Wer das Reich Gottes nicht so annimmt, wie ein Kind, der wird nicht hineinkommen."

Jesus war überzeugt, dass mit seiner Person und mit seinem Kommen das Reich Gottes beginnt. Diese Überzeugung beruhte auf seiner einzigartigen Beziehung zu Gott. Es gibt ein Wort, das Jesu Nähe zu Gott in besonderer Weise zum Ausdruck bringt. Jesus spricht Gott mit dem Wort „Abba" (Mk 14,36) an. Abba bedeutet „Papa" oder „Vati" und ist ein Kosewort. Jesus ist mit Gott in einzigartiger Weise verbunden. Wenn er vom beginnenden Reich Gottes spricht, dann möchte er alle Menschen in diese tiefe Beziehung zu Gott mit einbeziehen. Reich Gottes ist ein Angebot an alle Menschen, in den Bereich Gottes einzutreten und so geheiligt, ja „vergöttlicht" zu werden. In der Person Jesu wird dieses bis dahin verborgene Angebot Gottes an die Menschen offenbar.

Jesus tritt an die Öffentlichkeit

Reich Gottes in heutiger Sprache:

1. Übertrage die wichtigsten Aussagen, die Jesus über das Reich Gottes gemacht hat, in die Sprechblasen.
2. Der Ausdruck „Reich Gottes“ klingt heute fremd in unseren Ohren. Beschreibe mit eigenen Worten, was man unter dem Reich Gottes verstehen kann.
3. Gestalte das Umrissbild so, wie du dir Jesus als Verkünder seiner Botschaft vorstellen könntest.

1.3 Menschen sehnen sich nach dem Reich Gottes

Kompetenz

Ein Bild von Edward Hicks bzw. den Song von Sabrina Setlur als Umsetzungen wichtiger Aspekte der Botschaft vom Reich Gottes verstehen.

Vorbereitung

L besorgt Folie des Bildes „Das Königreich des Friedens" von Edward Hicks (in: Folienmappe EINFACH LEBEN 7) und den Songtext „Das will ich sehen" von Sabrina Setlur im Internet oder von CD „Die neue S-Klasse."

Motivation/Themenfindung

- Der Text des Songs „Das will ich sehen" von S. Setlur wird verteilt.
- L: „Welche Sätze des Songs sprechen euch besonders an? Welche kommen euch unverständlich vor?"
- L: „Was hat S. Setlur zu ihrem Song angeregt?" (Sch z.B.: Die Bibel)

B3

Edward Hicks (1780 – 1849), Das Königreich des Friedens

um 1840, Öl auf Leinwand, New York, Brooklyn Museum

Edward Hicks (1780-1849) war Sohn eines Farmers. Er erinnert mit seinen Bildern an den Traum der Amerikaner vom friedlichen Zusammenleben aller Menschen, aller Rassen und Religionen. Im Bild wird eine Vision des Propheten Jesaja (Jes 11,6-9) dargestellt.

Der Hauptteil des Bildes ist mit unterschiedlichen Tieren gestaltet. „Wilde" und „zahme" Tiere sind über- und nebeneinander angeordnet. Dazwischen befindet sich ein Junge und eine Mutter oder Amme mit einem Kind. Der Junge umarmt die Löwin und streichelt den Löwen. Das kleine Kind sitzt direkt vor einem Panther und berührt ein kleines Kalb an der Nase.

Die Gruppe am linken Bildrand setzt das Bild zu einem historischen Ereignis in Beziehung: 1682 vereinbarte der Quäker William Penn mit den Indianern die friedliche Gründung des Staates Pennsylvania, in dem die Grundsätze religiöser und ethnischer Toleranz herrschten.

Erarbeitung

- L bringt ggf. Aussagen von S. Setlur ein **(B1)**.
- L legt Bibelverse als Folie auf **(B2)**. Sch lesen.
- L: „Entdeckt die Ähnlichkeiten zwischen den Bibelversen und dem Song von S. Setlur und vergleicht."

Vertiefung

- L legt Folie des Bildes „Das Königreich des Friedens" von Edward Hicks auf.
- Sch beschreiben das Bild. L bringt ggf. Informationen zum Bild ein **(B3)**.
- L: „Unterstreicht die Bibelverse, die im Bild von E. Hicks umgesetzt werden." (z.B.: Jes 11,6-7; Jes 2,4)
- Der Songtext von S. Setlur wird noch einmal gelesen.

Transfer

- L: „'Die Sehnsucht nach dem Reich Gottes hat mit der Realität nichts zu tun und ist daher sinnlos.' Nehmt Stellung hierzu!"

Sicherung

- L: „Übertragt einige Verse aus der Bibel oder Sätze aus dem Song, die euch wichtig erscheinen, in schöner Schrift auf das **AB**."

Aussagen von Sabrina Setlur

B1

Frau Setlur, wie kommen Sie zur Bibel?
„Wie kommt jeder Mensch auf die Bibel? Es gibt einfach so viele scheiß-negative Sachen, schlag nur mal die Zeitung auf. Und dann spricht man den ganzen Tag darüber, weil man es gelesen hat. Und dann gibt's noch diese Welt, wo alles positiv und glücklich ist. Und warum soll ich mir dann Sachen aus den Fingern saugen, wenn alles schwarz auf weiß geschrieben steht im größten Buch der Welt."
Interessiert es Sie wirklich, was in diesem Buch geschrieben steht?
„Mich hat es interessiert, weil es genau das sagt, was ich denke und fühle. Und so ist es schon seit Jahrtausenden geschrieben. Die Bibelzitate habe ich mir herausgesucht, weil sie es auf den Punkt gebracht haben, ohne dass ich etwas verschönern musste." (aus einem Interview)

Die biblischen Bezüge des Songs von Sabrina Setlur

B2

Herr, wer darf Gast sein in deinem Zelt, wer darf weilen auf deinem heiligen Berg?	Ps 15,1
Gott wurde König über alle Völker, Gott sitzt auf seinem heiligen Thron.	Ps 47,9
Dann wohnt der Wolf beim Lamm, der Panther liegt beim Böcklein. Kalb und Löwe weiden zusammen, ein kleiner Knabe kann sie hüten.	Jes 11,6
Kuh und Bärin freunden sich an, ihre Jungen liegen beieinander. Der Löwe frisst Stroh wie das Rind.	Jes 11,7
Ich habe laut zum Herrn gerufen, da erhörte er mich von seinem heiligen Berg.	Ps 3,5
Wer darf hinauf ziehn zum Berg des Herrn, wer darf stehn an seiner heiligen Stätte?	Ps 24,3
Er spricht Recht im Streit der Völker, er weist viele Nationen zurecht. Dann schmieden sie Pflugscharen zu Schwertern und Winzermesser aus ihren Lanzen. Man zieht nicht mehr das Schwert, Volk gegen Volk, und übt nicht mehr für den Krieg.	Jes 2,4
Er beseitigt den Tod für immer. Gott, der Herr, wischt die Tränen ab von jedem Gesicht. Auf der ganzen Erde nimmt er von seinem Volk die Schande hinweg. Ja, der Herr hat gesprochen.	Jes 25,8
Die vom Herrn Befreiten kehren zurück und kommen voll Jubel nach Zion. Ewige Freude ruht auf ihren Häuptern. Wonne und Freude stellen sich ein, Kummer und Seufzer entfliehen.	Jes 51,11
An jenem Tag hören alle, die taub sind, sogar Worte, die nur geschrieben sind, und die Augen der Blinden sehen selbst im Dunkeln und Finstern.	Jes 29,18
Dann werden die Augen der Blinden geöffnet, auch die Ohren der Tauben sind wieder offen.	Jes 35,5
Dann springt der Lahme wie ein Hirsch, die Zunge des Stummen jauchzt auf. In der Wüste brechen Quellen hervor, und die Bäche fließen in der Steppe.	Jes 35,6
Man tut nichts Böses mehr und begeht kein Verbrechen auf meinem ganzen heiligen Berg, denn das Land ist erfüllt von der Erkenntnis des Herrn, so wie das Meer mit Wasser gefüllt ist.	Jes 11,9
Sie leiden weder Hunger noch Durst, Hitze und Sonnenglut schaden ihnen nicht. Denn er leitet sie voll Erbarmen und führt sie zu sprudelnden Quellen.	Jes 49,10
Selig, die die keine Gewalt anwenden, denn sie werden das Land erben.	Mt 5,5
Der Gerechte gedeiht wie die Palme, er wächst wie die Zedern des Libanon.	Ps 92,13
Er zog mich herauf aus der Grube des Grauens, aus Schlamm und Morast. Er stellte meine Füße auf den Fels, machte fest meine Schritte.	Ps 40,3
Er schreit nicht und lärmt nicht und lässt seine Stimme nicht auf der Straße erschallen.	Jes 42,2
Und das Meer gab die Toten, die in ihnen waren; und der Tod und die Unterwelt gaben ihre Toten heraus, die in ihnen waren.	Off 20,13

Menschen sehnen sich nach dem Reich Gottes

Übertragt einige Verse aus der Bibel oder Sätze aus dem Song, die euch wichtig erscheinen, in schöner Schrift.

1.4 Wegweisung zum Glück – Seligpreisungen heute

Kompetenz

Den biblischen Text (Mt 5,1-12) erschließen und dadurch Lebensgewohnheiten in Frage stellen.

Motivation

- L legt Text „Die acht Seligpreisungen des Felix Cool" als Folie auf **(B1)**.
  Sch lesen den Text.
- L: „Was gefällt euch spontan an dem Text und was nicht?"
  L notiert die Gedanken auf TA oder Plakat.

Erarbeitung

- L: „Die Menschen, die sich von Jesus begeistern ließen, kamen aus allen Schichten, aber es waren in der Mehrheit nicht die Reichen und Mächtigen. Seine engsten Freunde waren einfache Fischer vom See Gennesaret. Was hat gerade sie und die anderen dazu gebracht, sich Jesus anzuschließen? Es waren sicher nicht nur die Wunder, sondern vor allem seine Botschaft. In der berühmten Bergpredigt, besonders in den Seligpreisungen, wird deutlich, was das Zentrum der Botschaft Jesu war."
- Sch lesen „Die Seligpreisungen" (Mt 5,1-12) **(B2)**.
- L hängt „Auszüge aus Schülerbriefen" **(B3)** als Plakate an die TA. Sch lesen und nehmen Stellung.
- L: „Warum sind die Armen selig? Kann man das verstehen? Warum sind die Friedfertigen selig? Warum die, die verfolgt werden? Was soll das?"
- Sch lesen „Endlich einer, der ..." **(B4)**.

Vertiefung

- L: „Die Worte Jesu scheinen auf den ersten Blick merkwürdig. Er preist gerade diejenigen, die die Welt als schwach betrachtet. Er sagt ihnen: ‚Selig seid ihr, die ihr Verlierer zu sein scheint, denn ihr seid die wahren Gewinner, euch gehört das Himmelreich!' Diese Worte stellen eine Herausforderung dar, die eine tiefe Umwandlung des Herzens verlangen."
- L und Sch halten einige Augenblicke Stille.

Umsetzung/Hausaufgabe

- L: „Ergänzt die ‚Seligpreisungen heute' auf dem **AB**. Sucht jeweils passende Begründungen."

B4

Endlich einer ...

Endlich einer, der sagt:
Selig die Armen!
Und nicht: Wer Geld hat, ist glücklich!

Endlich einer, der sagt:
Liebe deine Feinde!
Und nicht: Nieder mit den Konkurrenten!

Endlich einer, der sagt:
Selig, wenn man euch verfolgt!
Und nicht: Passt euch jeder Lage an!

Endlich einer, der sagt:
Wer an mich glaubt, wird leben!
Und nicht: Was tot ist, ist tot!

© Martin Gutl, Endlich einer, der sagt ...,
Aus: In vielen Herzen verankert.
Styria Verlag, Graz 2004

B1

DIE ACHT SELIGPREISUNGEN DES FELIX COOL

Selig die Anständigen, die eine weiße Weste haben;
denn sie werden gut angesehen sein.

Selig, die mit sich und der Welt zufrieden sind;
denn nichts wird sie erschüttern.

Selig die Unauffälligen, die sich heraushalten und nicht in Dinge einmischen,
die sie nichts angehen;
denn sie werden nirgends anecken.

Selig die Cleveren, die wissen, wo es was zu holen gibt;
denn sie werden nicht zu kurz kommen.

Selig die Vorsichtigen, die erst den Wind prüfen, bevor sie etwas wagen;
denn sie werden keine Fehler machen.

Selig, die körperlich fit und geistig dynamisch sind;
denn sie werden es zu etwas bringen.

Selig die Prominenten, die markanten Persönlichkeiten, die wissen, was sie wollen;
denn Männer und Frauen wie sie braucht das Volk.

Selig die Frommen, die ihren Gottesdienst nicht versäumen
und ihre Pfarrer auf offener Straße grüßen;
denn sie werden belohnt werden.

Selig seid ihr, wenn die Menschen euch attraktiv finden,
euch erotische Ausstrahlung bescheinigen
und über euch in den Zeitungen schreiben.
Freut euch und jubelt: Bald wird euer Budget stimmen.

Aus: Feuer & Flamme, Werkmappe für Firmbegleiter/innen, Ein Behelf der Katholischen Jugend Wien, S. 240

B3

Auszüge aus Schülerbriefen:

„Hallo Jesus!
An sich fanden wir diese Sätze echt toll.
Wenn sich alle daran halten würden, sähe unsere Welt ganz anders aus. Aber leider halten sich nur wenige daran und die sind häufig die Dummen …"

„Lieber Jesus!
Wir haben deine Bergpredigt gelesen und uns einige Gedanken gemacht. Wir haben uns gefragt, was das Wort „selig" bedeutet. Dieses Wort gebraucht heutzutage niemand mehr …"

„An den Chef im Himmel!
Im Religionsunterricht haben wir über deine Seligpreisungen gesprochen. Wer bitte soll das glauben? In unserem Leben gelten andere Gesetze …"

Die Seligpreisungen der Bergpredigt – Mt 5,1–12

B2

1 Als Jesus die vielen Menschen sah, stieg er auf einen Berg. Er setzte sich, und seine Jünger traten zu ihm.
2 Dann begann er zu reden und lehrte sie.
3 Er sagte: Selig, die arm sind vor Gott; / denn ihnen gehört das Himmelreich.
4 Selig die Trauernden; / denn sie werden getröstet werden.
5 Selig, die keine Gewalt anwenden; / denn sie werden das Land erben.
6 Selig, die hungern und dürsten nach der Gerechtigkeit; / denn sie werden satt werden.
7 Selig die Barmherzigen; / denn sie werden Erbarmen finden.
8 Selig, die ein reines Herz haben; / denn sie werden Gott schauen.
9 Selig, die Frieden stiften; / denn sie werden Söhne Gottes genannt werden.
10 Selig, die um der Gerechtigkeit willen verfolgt werden; / denn ihnen gehört das Himmelreich.
11 Selig seid ihr, wenn ihr um meinetwillen beschimpft und verfolgt und auf alle mögliche Weise verleumdet werdet.
12 Freut euch und jubelt: Euer Lohn im Himmel wird groß sein. Denn so wurden schon vor euch die Propheten verfolgt.

Wegweisung zum Glück – Seligpreisungen heute

Selig die, die sich nicht auffressen lassen von Freizeitsuperangeboten,
denn ______________________________ .

Selig die Lernenden,
denn ______________________________ .

Selig die, die ein gutes Vorbild sind,
denn ______________________________ .

Selig, die mit einer Behinderung leben müssen,
denn ______________________________ .

Selig, die Zuversicht ausstrahlen,
denn ______________________________ .

Selig, die sich für andere einsetzen,
denn ______________________________ .

Selig, die den Armen etwas abgeben,
denn ______________________________ .

Selig, die einen Konflikt hatten und wieder zueinanderfinden,
denn ______________________________ .

Selig, die träumen können,
denn ______________________________ .

Selig, die Liebe schenken,
denn ______________________________ .

Selig, die erst hören, dann reden,
denn ______________________________ .

Selig, die ihre Position nie ausnutzen,
denn ______________________________ .

Selig, die unterliegen und verlieren können,
denn ______________________________ .

Selig, die nie sagen „Jetzt ist Schluss“,
denn ______________________________ .

Ergänze die „Seligpreisungen heute“. Suche jeweils passende Begründungen.

1.5 „Alle sind eingeladen“ – Die Botschaft der Gleichnisse

Kompetenz

Einem Bild die Bedeutung eines Gleichnisses für unsere Zeit entnehmen.

Motivation/Begegnung

- L legt Folienbild „Das große Gastmahl“ von Willy Fries (1907–1980), Gemälde 1965, Berlin, Gossner Mission, (in: Folienmappe EINFACH LEBEN 7) auf (**B1** und **B3**).
  Das Bild wird **in zwei Abschnitten** betrachtet. Dazu wird aus Papier eine Ellipse ausgeschnitten und damit der mittlere Teil des Bildes abgedeckt. Möglich ist auch, die Folie in drei Teile zu zerschneiden.
- Die Sch betrachten zunächst den oberen und unteren Teil des Bildes.
- L: „Beschreibt, was ihr seht. Wie unterscheiden sich die beiden Gruppen von Menschen?“
  (z.B.: Im oberen Teil des Bildes kehren Menschen dem Betrachter den Rücken zu und laufen in Richtung des Mondes. Im unteren Teil streben unterschiedlichste Menschen auf ein Ziel hin.)
- L: „Vergleicht die Kleidung und Haltung der beiden Menschengruppen.“
  (z.B.: starre Haltung – bewegte Haltung; vornehme Kleidung – lockere Kleidung)
- L: „Findet einen vorläufigen Titel für das Bild.“
  Sch stellen Vermutungen an (TA).

Erarbeitung

- L trägt „Was sind Gleichnisse und an wen war ihre Botschaft gerichtet?“ **(B2)** als Lehrerinformation vor.
- Sch wiederholen den Inhalt.
- Sch lesen das „Gleichnis vom Festmahl“ (Lk 14, 15-24) **(B4)**.
- L: „Entdeckt die Menschen des Gleichnisses in dem Bild.“
- L: „Der Maler W. Fries hat nicht einfach den Text des Gleichnisses ‚abgemalt', sondern einiges weggelassen und ‚Neues' hinzugefügt. Entdeckt im Bild das Weggelassene und das Neue!“ (z.B. die Diener, der Mond)
- L: „Woran erkennt man, dass das Bild für Menschen von heute gemalt ist?“ (z.B. die Bekleidung der Menschen im oberen Teil des Bildes)

Vertiefung

- L: „Einen Teil des Gleichnisses konnten wir bisher noch nicht auf dem Bild entdecken.“
- Der mittlere Teil des Bildes wird aufgedeckt und betrachtet. Die Sch beschreiben, was sie sehen und wie sie diesen Teil des Bildes empfinden.
- L: „Der Maler hat seinem Bild den Titel ‚Alle sind eingeladen!' gegeben. Vergleicht den Titel mit euren eigenen Titelvorschlägen.“

Sicherung/Hausaufgabe

- L: „Ergänzt das Bild durch farbige Skizzen oder Zeitungsbilder von Menschen unserer Zeit und lasst sie am Gastmahl teilnehmen (**AB**).
- L: „Findet ihr auch einen Platz für euch?“
- L: „Bearbeitet den Lückentext auf dem **AB**.“ (Lückenwörter: Erzählform – Vordergrund – Alltagsleben – Anbrechen – Reich Gottes)

B1

Willy Fries (1907–1980), Das große Gastmahl, Gemälde 1965, © Stiftung Willy Fries

B2

Was sind Gleichnisse und an wen war ihre Botschaft gerichtet?

Infotext

Für die Verkündigung seiner Botschaft hat Jesus sehr oft Gleichnisse verwendet.

Ein Gleichnis ist eine besondere Erzählform. Ähnlich wie bei Bildern muss man bei Gleichnissen zwischen dem Vordergrund und dem Hintergrund unterscheiden. Im Vordergrund wird etwas aus dem Alltagsleben erzählt. Jesus erzählte z.B. von Senfkörnern, Perlen, Schafen, Fischen, Arbeitern, Hirten und Knechten.

Im Hintergrund aber ging es Jesus um etwas ganz anderes. Dort ging es ihm um das Anbrechen des Reiches Gottes. Was hat es mit dem Reich Gottes auf sich? Das war nicht in einem Satz zu sagen. Dazu bedurfte es vieler Beispiele. Gleichnisse helfen also zu verstehen, was Jesus mit dem Reich Gottes meinte, zum Beispiel die Frage: An wen war die Botschaft Jesu gerichtet? War sie vielleicht nur an besonders fromme Menschen gerichtet?

Ein Gleichnis, das Jesus damals erzählt hat, gibt eine Antwort auf diese Frage.

B3

Willy Fries (1907–1980), Das große Gastmahl

Gemälde, 1965

Willy Fries malte „Das große Gastmahl" 1965 im Auftrag für die Gossner Mission in Berlin und schuf damit ein prägendes Werk für dieses Haus. Die Gossner Mission wurde während des Dritten Reiches von Hans Lokies geleitet, einer zentralen Figur des kirchlichen Widerstands der Bekennenden Kirche. Durch ihn wurde der Gossner Saal eine Versammlungsstätte der Bekennenden Kirche. Hier fanden vor allem viele Abendmahlgottesdienste statt für Christen, denen Verschleppung und Vernichtung drohten.

B4

Das Gleichnis vom Festmahl Lk 14,16–24

16 Jesus sagte zu ihm: Ein Mann veranstaltete ein großes Festmahl und lud viele dazu ein.

17 Als das Fest beginnen sollte, schickte er seinen Diener und ließ den Gästen, die er eingeladen hatte, sagen: Kommt, es steht alles bereit!

18 Aber einer nach dem andern ließ sich entschuldigen. Der erste ließ ihm sagen: Ich habe einen Acker gekauft und muss jetzt gehen und ihn besichtigen. Bitte, entschuldige mich!

19 Ein anderer sagte: Ich habe fünf Ochsengespanne gekauft und bin auf dem Weg, sie mir genauer anzusehen. Bitte, entschuldige mich!

20 Wieder ein anderer sagte: Ich habe geheiratet und kann deshalb nicht kommen.

21 Der Diener kehrte zurück und berichtete alles seinem Herrn. Da wurde der Herr zornig und sagte zu seinem Diener: Geh schnell auf die Straßen und Gassen der Stadt und hol die Armen und die Krüppel, die Blinden und die Lahmen herbei.

22 Bald darauf meldete der Diener: Herr, dein Auftrag ist ausgeführt; aber es ist immer noch Platz.

23 Da sagte der Herr zu dem Diener: Dann geh auf die Landstraßen und vor die Stadt hinaus und nötige die Leute zu kommen, damit mein Haus voll wird.

24 Das aber sage ich euch: Keiner von denen, die eingeladen waren, wird an meinem Mahl teilnehmen.

Alle sind eingeladen – Die Botschaft der Gleichnisse

Was sind „Gleichnisse"?

Ein Gleichnis ist eine besondere ______________________. Ähnlich wie bei Bildern muss man bei Gleichnissen zwischen dem ______________________ und dem Hintergrund unterscheiden. Im Vordergrund wird etwas aus dem ______________________ erzählt. Jesus erzählte z.B. von Senfkörnern, Perlen, Schafen, Fischen, Arbeitern, Hirten und Knechten.

Im Hintergrund aber ging es Jesus um etwas ganz anderes. Dort ging es ihm um das ______________________ des Reiches Gottes. Was hat es mit dem ______________________ auf sich? Gleichnisse helfen zu verstehen, was Jesus damit meinte.

1. Ergänze das Bild durch farbige Skizzen oder Zeitungsbilder von Menschen unserer Zeit und lasse sie am Gastmahl teilnehmen.
2. Findest du auch einen Platz für dich?
3. Setze die richtigen Wörter in den Lückentext ein: Reich Gottes – Anbrechen – Erzählform – Alltagsleben – Vordergrund.

1.6 Jesus lässt Menschen hellsichtig werden

Kompetenz

Einen biblischen Text (Mk 10,46-52) erschließen und verstehen, dass Jesus Menschen hellsichtig werden lässt.

Motivation/Themenfindung

- L legt Folie „Blindenschrift" auf **(B1)**. Die Überschrift „Blindenschrift" bleibt abgedeckt.
- Sch bringen ihr Vorwissen ein. L ergänzt mit Informationen zur Blindenschrift **(B2)**.
- L: „Von blinden Menschen berichtet auch die Bibel ..."

Begegnung

- L: „Im Neuen Testament werden viele Heilungsgeschichten erzählt. Manche Menschen fragen sich, ob Jesus alle Heilungswunder tatsächlich bewirkt hat. Nach Meinung der meisten Bibelwissenschaftler besteht kein Zweifel, dass Jesus Kranke geheilt hat. Dabei verstand er sich aber nicht als Zauberer oder Wunderheiler. Seine Krankenheilungen sind vielmehr Zeichen des anbrechenden Gottesreiches. Dabei muss eine große persönliche Ausstrahlungskraft von Jesus ausgegangen sein.
- Sch lesen den Bibeltext Mk 10,46-52.
- L: „Was fällt euch nach dem Lesen des Textes auf?"
- L: „Ist euch etwas im Text unklar? („Sohn Davids" ist ein jüdischer Messiastitel. Die Anrede Jesu als „Rabbuni" bedeutet „Mein Meister" und ist eine ehrfurchtsvollere Anrede als das schlichte „Rabbi".)

Erarbeitung

- L teilt Sch in Gruppen ein und verteilt Arbeitsfragen, siehe **AB** (arbeitsgleiche GA).
- Die Ergebnisse werden vorgetragen und auf einer Folie vom **AB** gesichert.

Vertiefung

- L legt die Folie mit der Blindenschrift **(B1)** noch einmal auf.
- L: „Die Blindenschrift und die Erzählung von der Heilung des Blinden haben Ähnlichkeiten ..." (Beide haben einen tieferen Sinn, müssen richtig gedeutet werden und sind hilfreich für Menschen.)

Transfer

- L: „Die wichtigste Frage jedoch ist, ob wir Jesus zutrauen, dass er auch heute hellsichtig machen kann. Bedeutung bekommt die Heilungsgeschichte nämlich erst dann, wenn wir uns in dem Blinden wiederfinden können und wenn wir als Blinde Jesus begegnen. Auch wenn wir uns körperlich gesund fühlen, gibt es in unserem Inneren Ängste und Sorgen, an denen wir leiden. Wir haben blinde Flecken, die wir einfach nicht wahrnehmen. Oder wir verschließen die Augen vor der eigenen Wirklichkeit oder vor der Wirklichkeit um uns herum."
- L: „Denke still für dich darüber nach, welche ‚blinden Flecken´ du bei dir entdeckst."

Sicherung

- Sch übertragen Ergebnisse auf das **AB**.

Die Heilung eines Blinden bei Jericho (Mk 10,46-52)

46 Sie kamen nach Jericho. Als er mit seinen Jüngern und einer großen Menschenmenge Jericho wieder verließ, saß an der Straße ein blinder Bettler, Bartimäus, der Sohn des Timäus.

47 Sobald er hörte, dass es Jesus von Nazaret war, rief er laut: Sohn Davids, Jesus, hab Erbarmen mit mir!

48 Viele wurden ärgerlich und befahlen ihm zu schweigen. Er aber schrie noch viel lauter: Sohn Davids, hab Erbarmen mit mir!

49 Jesus blieb stehen und sagte: Ruft ihn her! Sie riefen den Blinden und sagten zu ihm: Hab nur Mut, steh auf, er ruft dich.

50 Da warf er seinen Mantel weg, sprang auf und lief auf Jesus zu.

51 Und Jesus fragte ihn: Was soll ich dir tun? Der Blinde antwortete: Rabbuni, ich möchte wieder sehen können.

52 Da sagte Jesus zu ihm: Geh! Dein Glaube hat dir geholfen. Im gleichen Augenblick konnte er wieder sehen, und er folgte Jesus auf seinem Weg.

Blindenschrift

B1

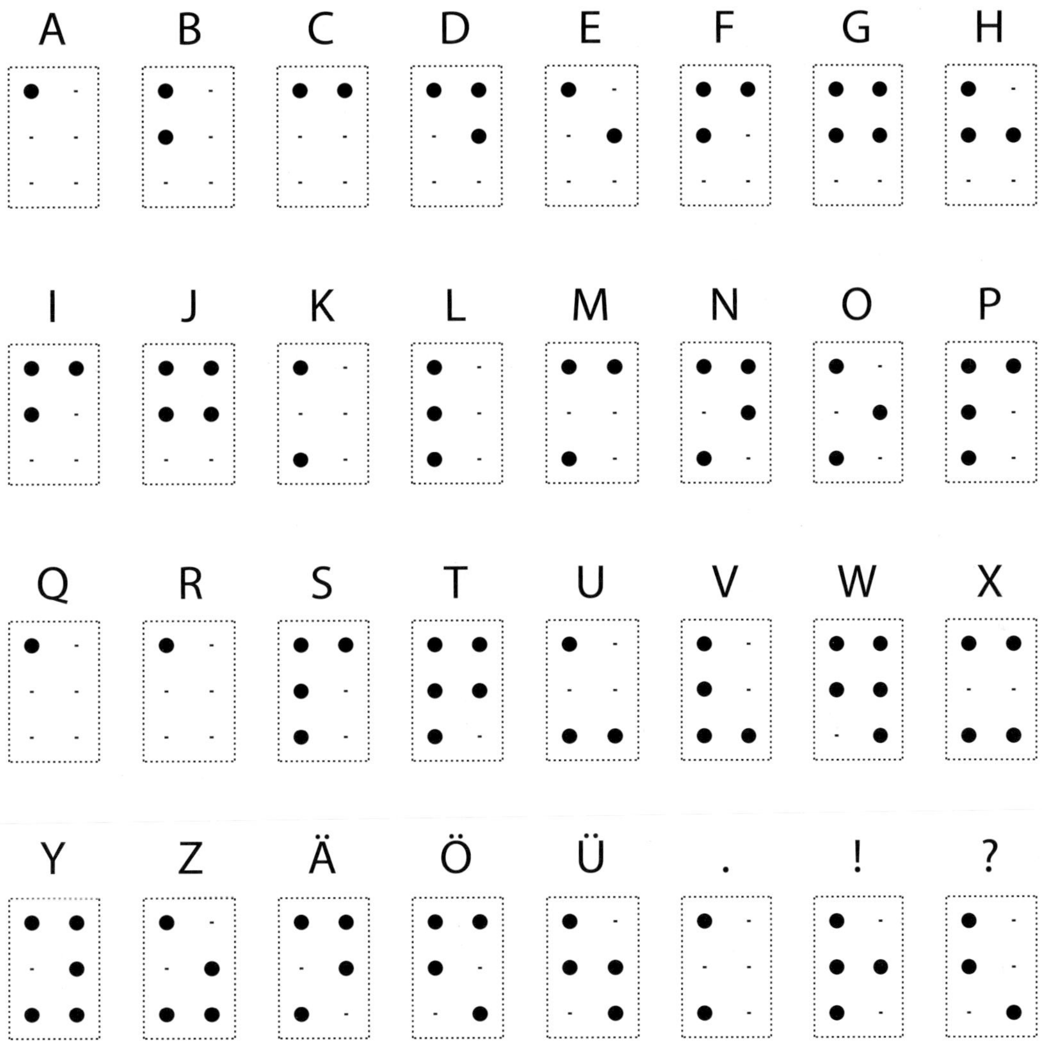

B2

Informationen zur Blindenschrift

Als Blindenschrift bezeichnet man eine Schrift, die von Blinden gelesen werden kann. Das Lesen erfolgt dabei mit dem Tastsinn der Finger. Die heute am weitesten verbreitete Blindenschrift ist die Brailleschrift. Sie wurde vom Franzosen Louis Braille 1820 entwickelt. Die Schrift arbeitet mit Punktmustern, die von hinten in das Papier gepresst sind, sodass sie als Erhöhung mit den Fingerspitzen abgegriffen werden können.

Sechs Punkte, drei in der Höhe mal zwei Punkte in der Breite, bilden das Raster für Kombinationen, mit denen die Buchstaben dargestellt werden. Bei sechs Punkten ergeben sich 64 Kombinationsmöglichkeiten (das Leerzeichen inbegriffen).

Für die Ausgabe von Brailleschrift durch den Computer werden Brailledisplays verwendet. Da für die Arbeit am Computer mehr Zeichen notwendig sind, als sich mit sechs Punkten festlegen lassen, wird hier auch oft noch eine vierte Zeile hinzugefügt, sodass acht Punkte zur Verfügung stehen. Auf diese Weise erhält man 256 Kombinationen.

Der Platzbedarf der Punktschrift ist enorm, denn die Zeichen sind größer als in der Schwarzschrift, und auch das Papier muss viel dicker sein. Um etwaige Nachteile durch das hohe Gewicht im Briefverkehr auszugleichen, transportiert die Deutsche Post Sendungen in Brailleschrift portofrei.

Jesus lässt Menschen hellsichtig werden

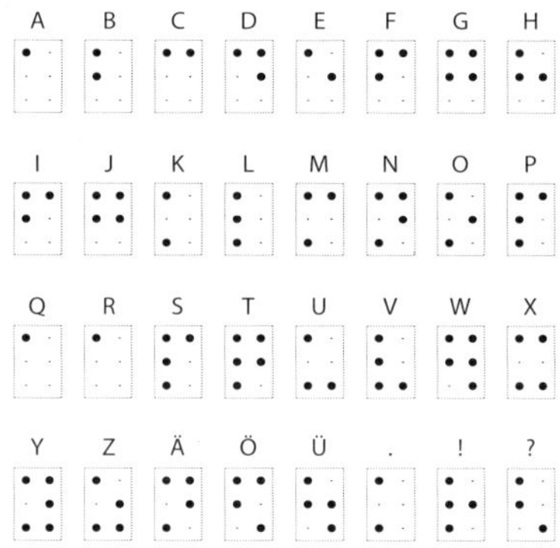

1. Der Bettler Bartimäus ist zwar blind, aber schon bevor Jesus ihn heilt, zeichnet ihn etwas aus.

2. Viele Umstehende haben dafür kein Verständnis. Wie zeigt sich das?

3. Wie reagiert der Blinde?

4. Der Glaube des Blinden und die Heilung hängen eng zusammen. Beschreibt den Zusammenhang mit eigenen Worten.

5. Im Mittelpunkt der Erzählung steht eigentlich nicht eine wundersame Heilung, sondern etwas anderes.

6. Wie wird der Glaube des Geheilten am Ende sichtbar?

7. Menschen sind oft blind für ... Ergänzt den Satz mit drei Beispielen.

8. Jesus will den Menschen die Augen öffnen für ... Ergänzt drei Beispiele.

9. Die Blindenschrift und die Erzählung von der Heilung des Blinden haben Ähnlichkeiten ...

Jesus lässt Menschen hellsichtig werden (Lösung)

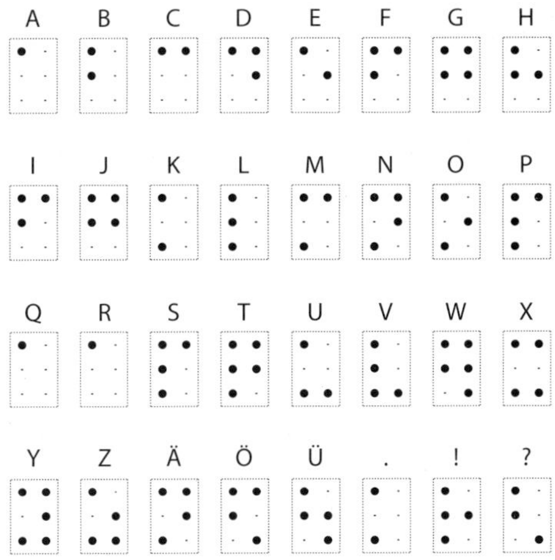

1. Der Bettler Bartimäus ist zwar blind, aber schon bevor Jesus ihn heilt, zeichnet ihn etwas aus.
   Er glaubt an die Vollmacht Jesu und ruft nach ihm.

2. Viele Umstehende haben dafür kein Verständnis. Wie zeigt sich das?
   Sie wollen den Bettler zum Schweigen bringen.

3. Wie reagiert der Blinde?
   Er bekennt sich noch lauter zu Jesus.

4. Der Glaube des Blinden und die Heilung hängen eng zusammen. Beschreibt den Zusammenhang mit eigenen Worten.
   Was im Blinden ist (sein Glaube), zeigt sich in seinem Leib (Augen).

5. Im Mittelpunkt der Erzählung steht eigentlich nicht eine wundersame Heilung, sondern etwas anderes.
   Im Mittelpunkt steht die Feststellung Jesu, dass der Glaube des Blinden seine Rettung ist.

6. Wie wird der Glaube des Geheilten am Ende sichtbar?
   Er folgt Jesus nach.

7. Menschen sind oft blind für ... Ergänzt den Satz mit drei Beispielen.

   ____

8. Jesus will den Menschen die Augen öffnen für ... Ergänzt drei Beispiele.

   ____

9. Die Blindenschrift und die Erzählung von der Heilung des Blinden haben Ähnlichkeiten ...
   Beide haben einen tieferen Sinn, müssen richtig gedeutet werden und sind hilfreich für Menschen.

1.7 Jesus beim Wort genommen: Franz von Assisi

Kompetenz

Die Sch lernen Franz von Assisi als Menschen kennen, der sich mit Höhen, Tiefen, Erfolg und Misserfolg der Botschaft vom Reich Gottes radikal geöffnet hat.

Motivation/Themenfindung

- Sch betrachten das Bild des Franz von Assisi **(B1)**.
- L erzählt vom Besuch des Franziskus beim Sultan Melek al Kamil **(B2)**.
- Sch finden das Thema: Wer war dieser Mann?

Begegnung

- L: „Jesus verkündete die Botschaft vom Reich Gottes und machte es in seinem Umgang mit den Menschen sichtbar und erlebbar. Viele Menschen ließen sich seit damals von seinem Leben und Wirken begeistern. Bekannt sind die großen Heiligen, wie Benedikt von Nursia und Elisabeth von Thüringen. Einer, der sich am radikalsten auf die Botschaft Jesu eingelassen hat, war Franz von Assisi."
- L erzählt frei vom Leben des Franz von Assisi unter Verwendung von „Franz von Assisi – ein Mann, dem die ganze Welt nachlief" **(B3)**.

Erarbeitung

- Sch erhalten Text „Franz von Assisi – ein Mann, dem die ganze Welt nachlief" **(B3)** und lesen still.
- Sch bearbeiten das **AB** (arbeitsteilige PA/GA). Dazu wird das **AB** als Folie gebrannt und in Teile zerschnitten.

Vertiefung

- L: „Die Person des Franziskus hat die Menschen damals ungeheuer fasziniert. Was beeindruckt dich heute noch?"
- L: „Lest die Stelle im Matthäusevangelium, die die endgültige Bekehrung des Franziskus bewirkt hat (Mt 10,7-20) **(B4)**. Welche Worte haben ihn wohl besonders angesprochen?"

Sicherung

- Sch übertragen die Ergebnisse auf das **AB** (vgl. **AB-Lösung**).

B1

Franz von Assisi. Fresko aus dem Kloster in Subiaco, um 1228

B2

Besuch beim Sultan Melek al Kamil

Mit einer Gruppe von Brüdern begibt sich Franziskus 1219 nach Syrien und Ägypten, um dort den Glauben zu verkünden. In Damiette stößt er zum Kreuzfahrerheer, das für eine Schlacht bereit ist. Trotz der Bereitschaft des Sultans Melek al Kamil für einen Waffenstillstand ruft der Vertreter des Papstes zum Kampf mit den Waffen auf. Franziskus dagegen warnt ausdrücklich vor den schlimmen Folgen, die die Schlacht haben könnte. Tatsächlich kommt es dann zu einer der schrecklichsten Niederlagen der Christen.

Von Damiette geht Franziskus zum Sultan Melek al Kamil und ist bei ihm für mehrere Tage zu Besuch. Die Voraussetzungen für eine freundschaftliche Begegnung sind gut, weil der Sultan ein Freund einer Bewegung im Islam ist, die Armut und Liebe zu Gott in besonderer Weise zu verwirklichen sucht. Sein eigentliches Anliegen, Frieden zu stiften und den Sultan zu bekehren, erreicht Franziskus aber nicht. Trotzdem ist die Begegnung für ihn selbst von bleibender Bedeutung. Nach seiner Rückkehr macht er den Vorschlag, ähnlich wie bei den Muslimen auch die Christen durch einen öffentlichen Rufer zum Gebet einzuladen. Außerdem fordert er die Christen auf, sich beim Hören des Namens Jesu bis auf den Boden zu verneigen, wie es die Muslime beim Gebet zu Allah tun.

B4

Anweisung für die Mission – Mt 10,7-20

Jesus sandte die zwölf Jünger aus:
Geht und verkündet: Das Himmelreich ist nahe.
Heilt Kranke, weckt Tote auf, macht Aussätzige rein, treibt Dämonen aus! Umsonst habt ihr empfangen, umsonst sollt ihr geben.
Steckt nicht Gold, Silber und Kupfermünzen in euren Gürtel.
Nehmt keine Vorratstasche mit auf den Weg, kein zweites Hemd, keine Schuhe, keinen Wanderstab; denn wer arbeitet, hat ein Recht auf seinen Unterhalt.
Wenn ihr in eine Stadt oder in ein Dorf kommt, erkundigt euch, wer es wert ist, euch aufzunehmen; bei ihm bleibt, bis ihr den Ort wieder verlasst.
Wenn ihr in ein Haus kommt, dann wünscht ihm Frieden.
Wenn das Haus es wert ist, soll der Friede, den ihr ihm wünscht, bei ihm einkehren. Ist das Haus es aber nicht wert, dann soll der Friede zu euch zurückkehren.
Wenn man euch aber in einem Haus oder in einer Stadt nicht aufnimmt und eure Worte nicht hören will, dann geht weg und schüttelt den Staub von euren Füßen.
Amen, das sage ich euch: Dem Gebiet von Sodom und Gomorra wird es am Tag des Gerichts nicht so schlimm ergehen wie dieser Stadt.
Seht, ich sende euch wie Schafe mitten unter die Wölfe; seid daher klug wie die Schlangen und arglos wie die Tauben!
Nehmt euch aber vor den Menschen in Acht! Denn sie werden euch vor die Gerichte bringen und in ihren Synagogen auspeitschen.
Ihr werdet um meinetwillen vor Statthalter und Könige geführt, damit ihr vor ihnen und den Heiden Zeugnis ablegt.
Wenn man euch vor Gericht stellt, macht euch keine Sorgen, wie und was ihr reden sollt; denn es wird euch in jener Stunde eingegeben, was ihr sagen sollt.
Nicht ihr werdet dann reden, sondern der Geist eures Vaters wird durch euch reden.

B3

Franz von Assisi – ein Mann, dem die ganze Welt nachlief

Herkunft

1182 wird Giovanni Bernadone, genannt Francesco, als Sohn reicher Eltern in Assisi geboren. Er hat Geld und lebt eine unbeschwerte Jugend. In seiner Heimatstadt ist er eine Art Jugendkönig. Er gibt den Ton an und alle finden ihn großartig. Bescheidenheit ist nicht seine Stärke.

Bekehrungsgeschichte

1202 gerät Franz bei einem Gefecht zwischen den Städten Assisi und Perugia in Gefangenschaft. Hier kommt er zum Nachdenken über sein bisheriges Leben. Ein sieben Jahre dauernder Prozess der Wandlung beginnt.
1206 begegnet er einem Aussätzigen und fängt an, alle bisherigen Werte seines Lebens in Frage zu stellen.
1207 verzichtet er auf das väterliche Erbe und bricht alle Brücken zu seiner Vergangenheit ab. 1209 hört er das Evangelium von der Aussendung der Jünger (Mt 10,7-20). Beim Hören dieser Worte beschließt er, endgültig so zu leben, wie Jesus gelebt hat.

Zehn glückliche Jahre

Franziskus ist bettelarm, aber voller Freude. Er ist von Christus ergriffen und ganz offen für die Welt. Die Menschen spüren, dass hier einer verrückt nach Gott ist. Bald schließen sich ihm die ersten Brüder an und sie wandern nach Rom, um sich vom Papst die Erlaubnis zu holen, als bettelnde Wanderprediger zu leben.
1210 bestätigt der Papst die erste Regel.
1212 schließt sich Klara dem Franziskus an und gründet einen Ordenszweig für Frauen.
1220 beginnen die Auseinandersetzungen über die Ordensregel.
1223 wird die endgültige Ordensregel durch den Papst bestätigt. Franziskus aber legt die Ordensleitung nieder, enttäuscht darüber, dass seine Mitbrüder nicht so radikal arm leben können wie er selbst.

Franziskus – ein Verrückter Gottes

1212 scheitert eine Missionsreise nach Syrien mit Schiffbruch.
1214 endet eine zweite Missionsreise nach Marokko mit Krankheit. Aber Franziskus gibt nicht auf.
1219 reist er in den Orient. Er trifft im Nildelta den Sultan Melek al Kamil, um ihn zu Christus zu bekehren. Wenn der Sultan auch Muslim bleibt, so staunt er doch über diesen Christen, der so ganz anders ist als alle anderen.
1223 kommt Franziskus als Erster auf die Idee, die Weihnachtsgeschichte der Bibel als Krippenspiel aufzuführen.
1224 empfängt er die Wundmale Christi.
1225 dichtet er den Sonnengesang, der zur Vorlage des Liedes „Laudato si" wurde.
1226 (3. Oktober) stirbt er.
1228 wird er heilig gesprochen.
1229 entsteht ein erstes Buch über sein Leben.

Franz von Assisi – ein Mann, dem die ganze Welt nachlief

Herkunft

- Geburtsjahr: ____________
- Geburtsort: ____________
- Eltern: ____________
- Wie lebt er als Jugendlicher?
  ⇒ ____________
  ⇒ ____________
  ____
- ⇒ ____________
  ____

Bekehrung

- Wie kommt Franziskus zum Nachdenken?
  ⇒ ____________
- Wodurch stellt er alle bisherigen Werte in Frage?
  ⇒ ____________
- Wie bricht er mit seiner Vergangenheit?
  ⇒ ____________
- Was bringt ihn dazu, so wie Jesus leben zu wollen?
  ⇒ ____________
  ____

Zehn glückliche Jahre

- Drei Kennzeichen des Franziskus:
  ⇒ ____________
  ⇒ ____________
- ⇒ ____________
- Wie reagieren die Menschen?
  ⇒ ____________
  ____
- ⇒ ____________
  ____
- ⇒ ____________
  ____
- Wie reagiert der Papst?
  ⇒ ____________
  ____
- Wie enden die 10 glücklichen Jahre?
  ⇒ ____________
  ____
  ____
  ____
  ____
  ____

Franziskus - ein Verrückter Gottes

- Wie enden zwei Missionsreisen nach Syrien und Marokko?
  ⇒ ____________
- Wie reagiert der Sultan Melek al Kamil auf Franziskus?
  ⇒ ____________
- Wie wirkt Franziskus bis in unsere Zeit?
  ⇒ ____________
  ____
- ⇒ ____________
- Wann stirbt Franziskus? ____________

Franz von Assisi – ein Mann, dem die ganze Welt nachlief (Lösung)

Herkunft

- Geburtsjahr: 1182
- Geburtsort: Assisi
- Eltern: Sohn reicher Eltern
- Wie lebt er als Jugendlicher?

  ⇒ Er hat Geld.

  ⇒ Er wird eine Art Jugendkönig.

  ⇒ Er gibt den Ton an und alle finden ihn großartig. Bescheidenheit ist nicht seine Stärke.

Bekehrung

- Wie kommt Franziskus zum Nachdenken?

  ⇒ Er kommt bei einem Gefecht in Gefangenschaft.
- Wodurch stellt er alle bisherigen Werte in Frage?

  ⇒ Er begegnet einem Aussätzigen.
- Wie bricht er mit seiner Vergangenheit?

  ⇒ Er verzichtet auf das väterliche Erbe.
- Was bringt ihn dazu, so wie Jesus leben zu wollen?

  ⇒ Er hört das Evangelium von der Aussendung der Jünger (Mt 10,7-20).

Zehn glückliche Jahre

- Drei Kennzeichen des Franziskus:

  ⇒ Er ist bettelarm,
- ⇒ von Christus ergriffen,
- ⇒ ganz offen für die Welt.
- Wie reagieren die Menschen?

  ⇒ Sie spüren, dass hier einer verrückt nach Gott ist.
- ⇒ Bald schließen sich ihm die ersten Brüder an.
- ⇒ Dann schließt sich Klara dem Franziskus an.
- Wie reagiert der Papst?

  ⇒ Er bestätigt die Ordensregel.
- Wie enden die 10 glücklichen Jahre?
- ⇒ Mit einer Enttäuschung, Franziskus zieht sich zurück, weil seine Mitbrüder nicht so radikal arm leben können, wie er selbst.

Franziskus - ein Verrückter Gottes

- Wie enden zwei Missionsreisen nach Syrien und Marokko?

  ⇒ Sie scheitern durch Schiffbruch und Krankheit.
- Wie reagiert der Sultan Melek al Kamil auf Franziskus?

  ⇒ Er staunt über ihn, weil er ganz anders ist als andere Christen.
- Wie wirkt Franziskus bis in unsere Zeit?

  ⇒ Er kommt als Erster auf die Idee, die Weihnachtsgeschichte der Bibel als Krippenspiel aufzuführen.
- ⇒ Er dichtet den Sonnengesang, der zur Vorlage des Liedes „Laudato si" wurde.
- Wann stirbt er?

  ⇒ 3. Oktober 1226

1.8 Sehnsucht nach einer neuen Welt – Bilder für das Reich Gottes?

Kompetenz

Das Mitbauen an einer menschlicheren und hoffnungsvolleren Welt als mögliche Form des Einsatzes für das Reich Gottes erkennen.

Vorbereitung

L sammelt 20 bis 30 Gegenstände, die ohne tiefschürfende Deutung spontan als Symbole für das Reich Gottes verstanden werden können, z.B.: Fernrohr, Schmuckkästchen, Trommel, Taschenlampe, Briefumschlag, Fahrplan, Watte, kleine Leiter, Blüte mit Knospen, verschlungenes Seil, winzige Samen usw.
Vor Beginn der Stunde werden die Gegenstände auf dem Boden oder auf einem Tisch ausgebreitet und zunächst mit einem Tuch abgedeckt.

Motivation

- L: „Unter diesem Tuch sind Gegenstände verschiedenster Art versteckt. Wenn das Tuch abgedeckt ist, darf sich jeder (nacheinander) einen Gegenstand nehmen. Du sollst diesen Gegenstand mit dem Reich Gottes in Verbindung bringen. So könnte man ein Fernrohr als Zeichen für das Reich Gottes deuten, weil das Reich Gottes noch nicht da ist, die Menschen aber Ausschau halten, wann es kommt."
- Sch wählen spontan einen Gegenstand und verknüpfen ihn mit dem Reich Gottes: Dieser Gegenstand ist ein Zeichen für das Reich Gottes, weil ... (Kreisgespräch)

Begegnung

- L zeigt Foto von Charlie Chaplin (siehe Internet www.der-grosse-diktator.de/start.html).
- Sch bringen ihr Vorwissen ein.
- L: „Charlie Chaplin steht hier in seinem Film ‚Der große Diktator' als Hitler verkleidet vor einer Weltkugel." L erläutert das Bild mit Hilfe von **B1**.
- L: „Am Ende dieses Films steht eine berühmte Rede, in der Charlie Chaplin eine Botschaft an die Menschen seiner Zeit richtet. Darin spielt auch das Reich Gottes eine wichtige Rolle."
- Sch lesen **(B2)**.

Erarbeitung

- L: „Schlagt den Satz, der aus dem Lukasevangelium zitiert wird, im Neuen Testament nach unter Lk 17,20-21."
- L: „Überlegt, welche Sätze der Rede von Charlie Chaplin auch Jesus gesprochen haben könnte. Was hätte er vielleicht nicht so oder anders gesagt?"
- L: „Überlegt, welches Symbol für das Reich Gottes gut zu der Rede Charlie Chaplins passen würde."

Umsetzung

- L: „Gestaltet eigene Bilder und Symbole für das Reich Gottes auf dem **AB**. Die Gegenstände, die wir zu Beginn mit dem Reich Gottes in Verbindung gebracht haben, können euch eine Hilfe sein."

Charlie Chaplin: Der große Diktator

B1

In seinem berühmten Film „Der große Diktator" protestiert Charlie Chaplin 1940 gegen Hitler mit dem Mittel der Satire. Sehr gekonnt macht der Film Hitler, der 1940 auf dem Höhepunkt seiner Macht stand, lächerlich. Hinter der Satire ist aber eine ernste Botschaft an die Menschen seiner Zeit versteckt. Sie kommt in einer Rede zum Ausdruck, die Charlie Chaplin am Ende des Films an die Menschheit richtet.
Siehe zur Rede auch folgenden Link: http://www.youtube.com/watch?v=TlhwbdzalV4

B2

Sehnsucht nach einer neuen Welt

Aus der Rede des Charlie Chaplin in dem Film „Der große Diktator"

„Es tut mir leid, aber ich möchte nun mal kein Herrscher der Welt sein, denn das liegt mir nicht. Ich möchte weder herrschen noch irgendwen erobern, sondern jedem Menschen helfen, wo immer ich kann. Jeder Mensch sollte dem anderen helfen. Nur so verbessern wir die Welt. Hass und Verachtung bringen uns niemals näher. Das Leben kann ja so erfreulich und wunderbar sein. Wir müssen es nur wieder zu leben lernen. Aber ohne Menschlichkeit und Nächstenliebe ist unser Dasein nicht lebenswert.
Alle denen, die mich jetzt hören, rufe ich zu, ihr dürft nicht verzagen. Auch das bittere Leid, das über uns gekommen ist, ist vergänglich. Die Männer, die heute die Menschlichkeit mit Füßen treten, werden nicht immer da sein. Ihre Grausamkeit stirbt mit ihnen und auch ihr Hass. Die Freiheit, die sie den Menschen genommen haben, wird ihnen dann zurückgeben werden, auch wenn es Blut und Tränen kostet. Für die Freiheit ist kein Opfer zu groß. Bewahrt euch die Menschlichkeit in euren Herzen und hasst nicht. Nur wer nicht geliebt wird, hasst. Im 17. Kapitel des Evangelisten Lukas steht, das Reich Gottes ist schon mitten unter euch. Gott wohnt also in jedem Menschen, nicht nur in einem Menschen oder in einer Gruppe von Menschen. Daher lasst uns kämpfen für eine neue Welt, für eine anständige Welt, die jedermann gleiche Chancen gibt, die der Jugend eine Zukunft und den Alten Sicherheit gewährt. Lasst uns diese Ketten sprengen, lasst uns kämpfen für eine bessere Welt. Lasst uns kämpfen für die Freiheit in der Welt. Das ist ein Ziel, für das es sich zu kämpfen lohnt."

Bilder für das Reich Gottes

Ein „richtiges" Bild vom Reich Gottes kann es natürlich nicht geben. Das Reich Gottes ist ein unvorstellbares Geschenk Gottes und wir können immer nur bruchstückartig erahnen, was es wirklich bedeutet. Aber auf die Suche nach dem Reich Gottes sollen wir uns machen, auch dadurch, dass wir nach Bildern Ausschau halten, die etwas vom Reich Gottes sichtbar werden lassen.

Gestalte eigene Bilder und Symbole für das Reich Gottes. Die Gegenstände, die wir zu Beginn mit dem Reich Gottes in Verbindung gebracht haben, können dir eine Hilfe sein.

2. Nachgeben oder sich durchsetzen – Mit Konflikten umgehen lernen

2.1 „Jetzt reicht's mir. Immer der gleiche Ärger!"

Kompetenz

Eigene Konflikte wahrnehmen und sie zur Sprache bringen.

Einstieg

- L legt Foto „Porträt" von Thomas Ruff **(B1)** auf (in: Folienmappe „EINFACH LEBEN 7").
  Sch beschreiben das Foto.
- L bringt ggf. Informationen zum Künstler und zum Bild **(B2)** ein.
- L legt Sprechblasen **(B3)** um das Bild herum.
  Drei sind Aussagen der Person, drei stammen von Menschen, die auf die Person einreden.
- L: „Schau dir die Sprechblasen an! Wer könnte welche Aussage machen?"
- L: „Wenn du so etwas erlebst, was geht dann in dir vor?"
- L: „Überlege: Welche Konflikte stehen wohl hinter den Aussagen?"

B1

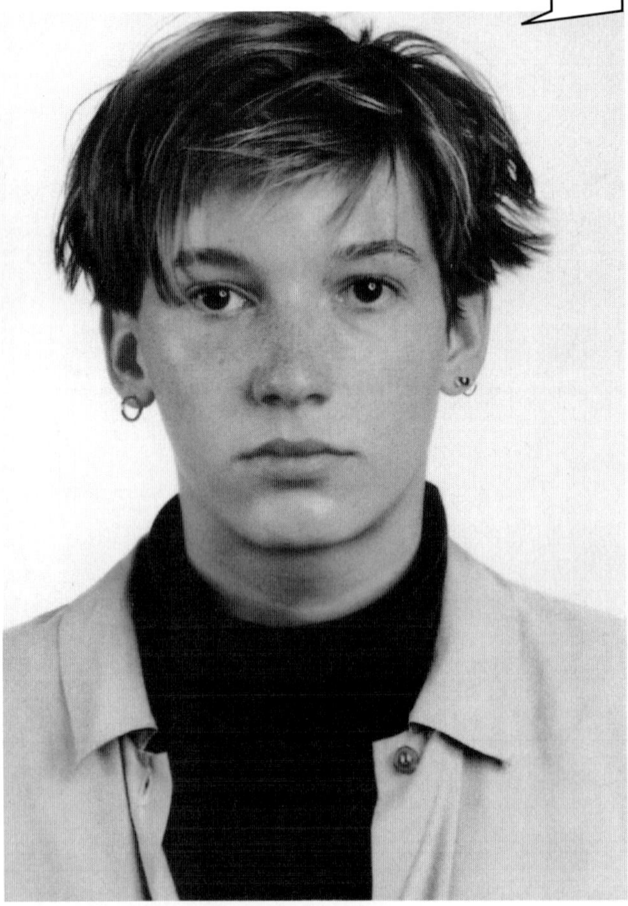

Thomas Ruff: Porträt Simone Buch 1988

Begegnung und Erarbeitung

- L teilt Text „Immer der gleiche Ärger" **(B4)** aus.
- L: „Hier findet ihr ein Beispiel für einen Konflikt in der Schule."
  Sch lesen die Geschichte.
- L: „Die Gefühle von Katja kann man den Einteilungen des ‚Stimmungsbarometers' zuordnen. Unterstreicht die entsprechenden Stellen im Text!"
- Die Sch tragen ihre Ergebnisse vor.

Vertiefung

- L legt eine Äußerung in einer Sprechblase als Folie auf **(B5)**.
  Sch lesen.
- L: „Spielt den Konflikt, der hinter der Äußerung steht, als Rollenspiel!"

Transfer

- L: „In Familien gibt es noch andere Konflikte. Beschreibt solche Situationen. Welche Ursachen könnten dahinterstehen?"

Sicherung/Hausaufgabe

- L: „Schreibe eine Geschichte oder einen Tagebucheintrag, in der/dem Gefühle und Haltungen des ‚Stimmungsbarometers' vorkommen! Überlege für dich, wann du selbst solche Gefühle hattest."

B5

„Wie läufst denn du schon wieder herum! Zieh dir endlich einmal etwas Ordentliches an!"

B2

Der Künstler Thomas Ruff

Thomas Ruff, geboren 1958, gehört heute zu den weltweit bedeutendsten Fotografiekünstlern.
In Baden-Baden wurde 2001-2002 sein vielschichtiges Schaffen erstmals in einer großen Übersichtsausstellung gezeigt. Mit seiner seit 1986 entstandenen, großformatigen „Porträt"-Serie erlebte er den Durchbruch. Inzwischen gibt es zwischen San Francisco und Canberra kaum wichtige Ausstellungshäuser, in denen seine Bilder nicht gezeigt worden sind.
Seine frontalen, übergroßen Bildnisse sind geprägt von einer möglichst neutralen, objektiven Sichtweise. Kleidung und Gesichtszüge der Porträtierten präsentieren sich bis ins kleinste Detail schattenlos und überpräzise.

Porträtbeschreibung und -deutung

Auf weißem Hintergrund ist das Porträt eines jungen Mannes zwischen 20 und 25 Jahren abgebildet. Er trägt einen schwarzen Rollkragenpullover mit einem offenen beigen Hemd darüber. Dunkelbraune Augen, Sommersprossen und eine gesunde Gesichtsfarbe fallen ins Auge. Seine mittelbraunen Haare sind wuschelig; die Haarlänge reicht bis zu den Ohren. Der junge Mann trägt verschiedene Ohrringe. Er macht einen ernsten, eher bedrückten Eindruck. Sein Mund ist geschlossen. Die Augen mit den Pupillen, gerade nach vorne gerichtet, wirken ausdruckslos, vielleicht etwas traurig. Die Haut wirkt glatt, ohne Lachfältchen oder Stirnrunzeln.
Der junge Mann scheint mit seinen Gedanken ganz woanders zu sein. Irgendetwas beschäftigt ihn. Dadurch fesselt er den Betrachter und macht ihn neugierig.

B3

„Mir ist es in meinem Zimmer ordentlich genug!"

„Du hast mein Vertrauen missbraucht. Das ist gemein!"

„Ich habe dir schon hundert Mal gesagt …"

„Alle dürfen abends länger weg als ich!"

„Das kann ich selbst entscheiden. Ich bin doch kein Kind mehr!"

„Solange du hier wohnst, bestimme ich, was du tust!"

„Jetzt reicht´s mir. Immer der gleiche Ärger!"

Katja: „Schule ist für so viele in unserer Klasse kein ernsthaftes Problem.
Mir aber dreht sich schon seit Jahresanfang, als ich neu an diese Schule kam, der Magen um. Am liebsten würde ich mich dort gar nicht mehr sehen lassen, obwohl es eigentlich bloß Denis ist, der mich belastet.
Immer wieder frage ich mich: Ist es die Tatsache, dass ich ein Mädchen bin? Ist es mein dunkler Typ, weil mein Großvater Sizilianer ist?
Im Unterricht: Na ja, da komme ich, bis auf meine Schwierigkeiten in Mathe, zurecht.
‚Ist Katja eine dumme Zicke!', machte mich Denis nach dem Unterricht lächerlich, weil ich den Zusammenhang von gemeinen Brüchen und Dezimalbrüchen nicht sofort verstanden hatte.
Dauernd findet er etwas an mir auszusetzen. Einmal ist es meine Schwäche in Mathe, dann wieder mein Aussehen.
Eigentlich ist es egal, was ich mache, sage oder anhabe, der findet immer etwas. Von den anderen habe ich keine Hilfe zu erwarten.
Im Gegenteil: Denen ist es gerade recht. Die unterhalten sich blendend auf meine Kosten.
Mir geht das ziemlich nahe. Meist zeige ich es nicht, was ich denke, und mache auf cool. Nur einmal wagte ich es, Denis vor den anderen anzusprechen: ‚Was willst du denn! Du bist doch selbst schon am Gymnasium durchgefallen. Und jetzt spielst du dich hier auf!'
Vielleicht hätte ich es besser nicht sagen sollen. Am Sonntagabend liege ich lange wach im Bett und weine, weil ich am nächsten Tag wieder in die Schule muss. Dem Klassenleiter habe ich noch nichts von meinem Problem erzählt.
Wenn mir nur etwas Gescheites einfallen würde!"

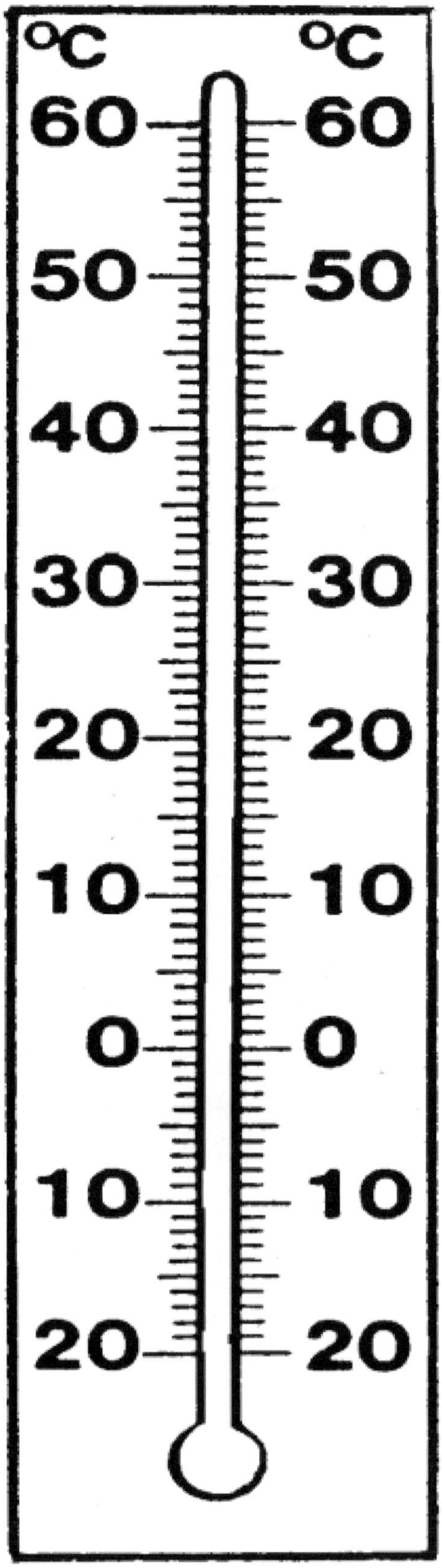

B4

Depressive Gefühle

Aggressiv werden

Sich zurückziehen

Sich verletzt fühlen

Sich anders fühlen

„Jetzt reicht's mir. Immer der gleiche Ärger!"

Depressive Gefühle

Aggressiv werden

Sich zurückziehen

Sich verletzt fühlen

Sich anders fühlen

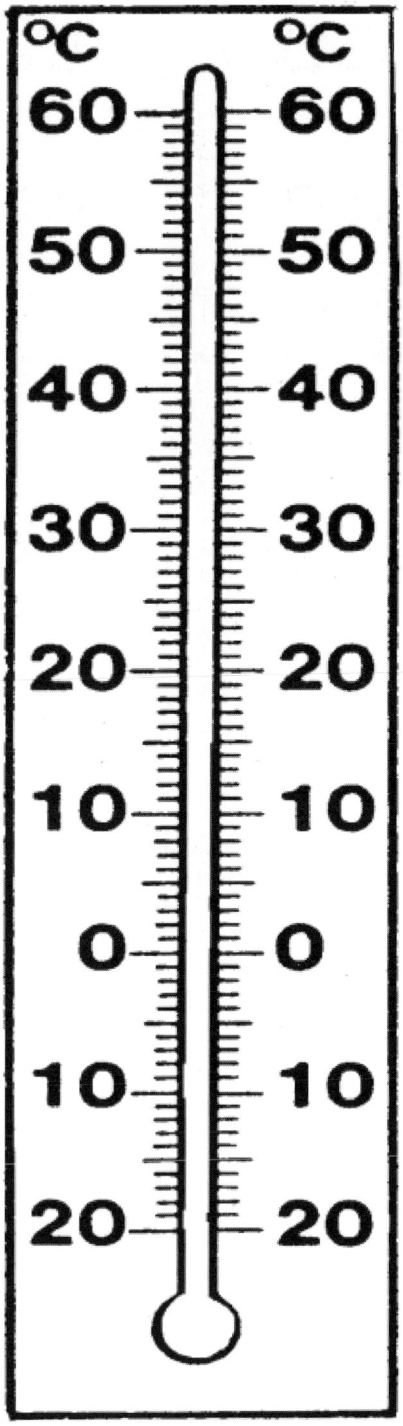

Schreibe eine Geschichte oder einen Tagebucheintrag, in der/dem die Gefühle und Haltungen des „Stimmungsbarometers" vorkommen! Überlege für dich, wann du selbst solche Gefühle hattest.

2.2 Umgang mit Konflikten – Ganz tief unten

Kompetenz

Wahrnehmen, dass Konflikte Menschen schwer zu schaffen machen, und in solchen Situationen Hilfestellungen geben.

Einstieg/Begegnung

- L: „Für viele Konflikte findet sich schnell eine Lösung: eine humorvolle Bemerkung, eine Entschuldigung, eine Bitte um Verzeihung. Manchmal reicht auch schon ein Lächeln, um den Streitpunkt aus der Welt zu schaffen. Andere Konflikte führen zu tieferen Verletzungen, die nicht von alleine heilen. Ganz im Gegenteil, sie machen schwer zu schaffen und werden immer schlimmer."
- L legt Folie „Am Boden" von Ugo Rondinone **(B1)** auf (in: Folienmappe EINFACH LEBEN 7).
- L bietet ggf. Informationen zum Künstler **(B2)**.
- L: „Fühlt euch in den jungen Mann am Boden ein und beginnt mit ihm ein Gespräch, z.B.: Warum sitzt du da? Was beschäftigt dich? ..."
  Sch formulieren Fragen und Antworten.
- L erzählt die Geschichte von Robert K. **(B3)**.
- L legt Folie mit einer Zeichnung von Treppenstufen **(B4)** als stummen Impuls auf.
  Sch stellen Vermutungen an, z.B.: Bei Robert K. ging manches schief ..., ging es bergab ...

Erarbeitung

- L: „Viele Konflikte führen Stufe um Stufe nach unten."
  L legt Folie mit Äußerungen **(B5)** neben die Treppenstufen.
  Sch lesen.
- L: „Stelle dir vor, einem Freund von dir geht es so. Was könntest du ihm raten? Formuliere für jede Stufe seiner Verzweiflung einen Ratschlag. Aber aufgepasst: Auch ‚Ratschläge' können Schläge sein. Achte darauf, ob dein Rat wirklich hilfreich ist." (schriftliche PA/GA)
- Sch lesen die Ratschläge vor.
  L hält Ergebnisse auf Folie vom **AB** fest. (Vgl. **AB-Lösung**)
- L: „Im Alltag passiert es oft, dass Ratschläge zu früh erteilt werden. Menschen wollen häufig nur, dass ihnen jemand zuhört und Verständnis zeigt."

Sicherung

- Sch übertragen Folientext auf das **AB**.

B1

Am Boden („Heyday"), Ugo Rondinone, Polyester, Stoff, Haare. 1995, ca. 125x80x90 cm, Gallerie Zürich Walcheturm

B2

Der Künstler Ugo Rondinone

Der Schweizer Ugo Rondinone, geb. 1963, gilt als Shootingstar der Schweizer Kunstszene. Er begann mit Zeichnungen, kam dann zur Malerei und Fotografie und schließlich zu Installationen. Seine Arbeiten erzählen von seiner Zerrissenheit zwischen Langeweile und Exzess, von seinem Drang nach Freiheit und Liebe, aber auch von Schmerz und Lust.

Im Jahre 1995 hat der Künstler seinen eigenen Körper aus Kunststoff nachgeformt (ca. 125 x 80 x 90 cm) und in einen zur Zelle umgeformten Galerieraum gestellt.

Man kann Rondinone als Romantiker verstehen, der trotzdem einen Sinn für Realität entwickelt hat.

B3

Geschichte von Robert K.

Robert K. erzählt: „Lange Zeit lebte ich nur nach dem Motto: Man ist nur einmal jung. Mein Leben bestand hauptsächlich aus Party, Saufgelagen und Hardrock-Konzerten. Täglich ausgehen und möglichst spät nach Hause kommen – das war's. Probleme blieben dabei natürlich nicht aus: ständig Ärger mit den Eltern und mit der Polizei, was zur Folge hatte, dass ich mich immer mehr von daheim abkapselte und mich total verschloss.

In der Arbeit bekam ich natürlich auch Schwierigkeiten. Ich verschlief öfter oder war einfach zu müde zum Arbeiten. Es dauerte gar nicht lange und ich flog raus. So ertränkte ich meine Probleme im Alkohol. Da mich keiner verstand, dachte ich immer öfter an Selbstmord."

B4

B5

Ich kann's nicht mehr aushalten.
Eine Beleidigung nach der anderen!

Was kann ich bloß tun?
So kann es doch nicht weitergehen!

Was denkt sich diese Person eigentlich!
Mit der werde ich kein Wort mehr reden.
Ich möchte diese Person nicht mehr sehen.

Ich mag mich damit jetzt nicht auseinandersetzen.
Ich tue so, als ob mir das nichts ausmacht.

Das muss ich mit mir alleine ausmachen.
Mich versteht ja doch keiner.

Ich bin völlig verzweifelt.
Es hat alles keinen Sinn!

Umgang mit Konflikten – Ganz tief unten

Ich kann's nicht mehr aushalten.
Eine Beleidigung nach der anderen! →

Was kann ich bloß tun?
So kann es doch nicht
weitergehen! →

Was denkt sich diese Person eigentlich!
Mit der werde ich kein Wort mehr reden.
Ich möchte diese Person nicht mehr sehen. →

Ich mag mich damit jetzt
nicht auseinandersetzen.
Ich tue so, als ob mir das nichts ausmacht. →

Das muss ich mit mir alleine ausmachen.
Mich versteht ja doch keiner. →

Ich bin völlig verzweifelt.
Es hat alles keinen Sinn! →

Umgang mit Konflikten – Ganz tief unten (Lösung)

Ich kann's nicht mehr aushalten.
Eine Beleidigung nach der anderen!

➔ Beleidigungen tun weh. Wer andere beleidigt, ist häufig selbst verletzt worden. Kannst du dir vorstellen, warum … dich so beleidigt?

Was kann ich bloß tun?
So kann es doch nicht weitergehen!

➔ Suche das Gespräch! Frage nach! Vielleicht war es nur ein Missverständnis.

Was denkt sich diese Person eigentlich!
Mit der werde ich kein Wort mehr reden.
Ich möchte diese Person nicht mehr sehen.

➔ Du fühlst dich sehr verletzt. Ich verstehe dich, dass du jetzt mit ihm nicht sprechen kannst. Vielleicht schreibst du ihm ein kleines Briefchen, in dem du ihm mitteilst, wie es dir geht.

Ich mag mich damit jetzt nicht auseinandersetzen.
Ich tue so, als ob mir das nichts ausmacht.

➔ Im Leben wird es immer Konflikte geben. Es ist wichtig, Konflikte anzugehen, sonst verfolgen sie uns immer weiter. Aufgeschoben ist nicht aufgehoben!

Das muss ich mit mir alleine ausmachen.
Mich versteht ja doch keiner.

➔ Du musst nicht alles alleine meistern. Lasse dir helfen von Freunden, Verwandten oder Bekannten!

Ich bin völlig verzweifelt.
Es hat alles keinen Sinn!

➔ Jede Krise birgt auch eine Chance in sich. Vielleicht siehst du den Sinn nur noch nicht.

15

2.3 Mit Konflikten umgehen lernen

Kompetenz

Mithilfe einer Geschichte beschreiben, wie Konflikte sich im äußersten Fall zu gewaltsamen Auseinandersetzungen steigern.

Motivation

- L zeigt Folie von einer Spirale **(B1)**.
  Sch beschreiben die Spirale und stellen Vermutungen an.

Begegnung

- L: „Zu dieser Spirale passt die folgende Geschichte."
- Sch lesen „Nicht alles gefallen lassen" von Gerhard Zwerenz **(B2)**.

Erarbeitung

- L: „Unterstreicht im Text, was die Familie des Erzählers tut, mit rot, und was die Familie Dörfelts tut, mit grün."
- L: „Vergleicht die Handlungsweisen der beiden Familien!"
  Sch stellen die Verbindung von der Geschichte zur Spirale her.

Vertiefung

- L: „Ein Konflikt fängt meist harmlos an und endet manchmal in körperlicher Gewalt. Dazwischen liegen viele Stufen."
- L legt Folie **(B3)** auf.
  L: „Hier findet ihr verschiedene Stufen. Bringt sie in eine sinnvolle Reihenfolge."
  L hält Ergebnisse auf Folie (siehe **AB**) fest.
- L: „Überlegt bei jeder Stufe, was man tun kann, um den Konflikt nicht weiter eskalieren zu lassen."
  Die Ergebnisse werden in den Gedankenblasen festgehalten.

Transfer

- L: „Überlegt, in welcher Situation ihr einen eskalierenden Konflikt schon einmal erlebt habt. Wie wurde er gelöst?"

Sicherung

- L: „Übertragt die Ergebnisse von der TA/Folie auf das **AB**!"

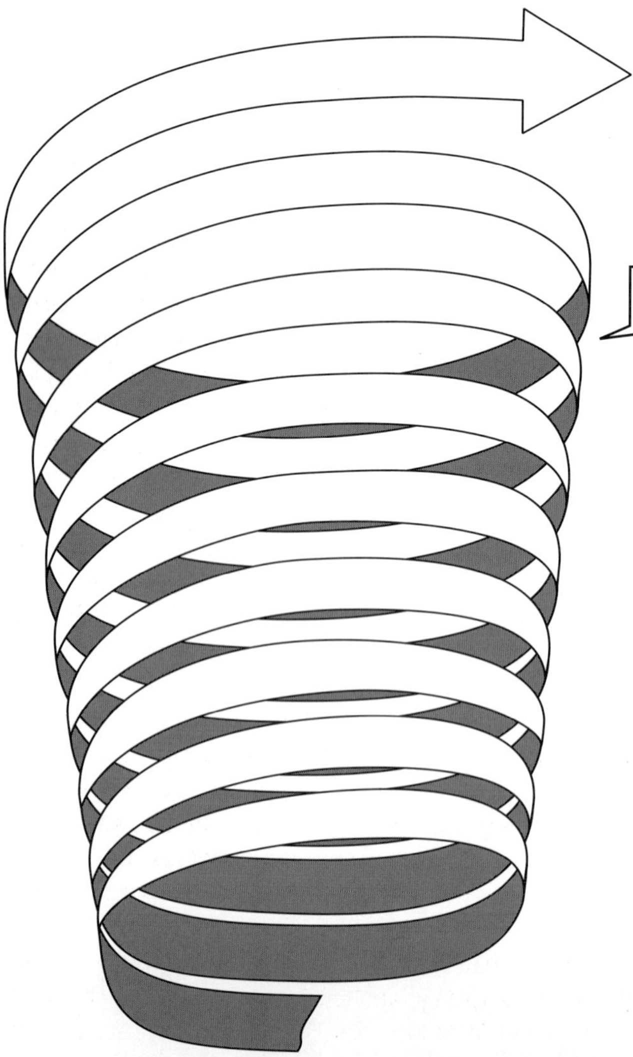

B1

B3

Wütend werden
Körperliche Gewalt anwenden
Sich verletzt fühlen
Dem anderen Böses wünschen
Sich ärgern
Den anderen beleidigen

Gerhard Zwerenz: Nicht alles gefallen lassen ...

B2

Wir wohnten im dritten Stock mitten in der Stadt und haben uns nie etwas zuschulden kommen lassen, auch mit Dörfelts von gegenüber verband uns eine jahrelange Freundschaft, bis die Frau sich kurz vor dem Fest unsere Bratpfanne auslieh und nicht zurückbrachte. Als meine Mutter dreimal vergeblich gemahnt hatte, riss ihr eines Tages die Geduld, und sie sagte auf der Treppe zu Frau Muschg, die im vierten Stock wohnt, Frau Dörfelt sei eine Schlampe. Irgendwer muss das den Dörfelts hinterbracht haben, denn am nächsten Tag überfielen Klaus und Achim unseren Jüngsten, den Hans, und prügelten ihn windelweich. Ich stand grad im Hausflur, als Hans ankam und heulte. In diesem Moment trat Frau Dörfelt drüben aus der Haustür, ich lief über die Straße, packte ihre Einkaufstasche und stülpte sie ihr über den Kopf. Sie schrie aufgeregt um Hilfe, als sei sonst was los, dabei drückten sie nur die Glasscherben etwas auf den Kopf, weil sie ein paar Milchflaschen in der Tasche gehabt hatte. Mittagszeit, und da kam Herr Dörfelt mit dem Wagen angefahren. Ich zog mich sofort zurück, doch Elli, meine Schwester, die mittags zum Essen heimkommt, fiel Herrn Dörfelt in die Hände. Er schlug ihr ins Gesicht und zerriss dabei ihren Rock. Das Geschrei lockte unsere Mutter ans Fenster, und als sie sah, wie Herr Dörfelt mit Elli umging, warf unsere Mutter mit Blumentöpfen nach ihm. Von Stund an herrschte erbitterte Feindschaft zwischen den Familien. Weil wir nun Dörfelts nicht über den Weg traute, installierte Herbert, mein ältester Bruder, der bei einem Optiker in die Lehre geht, ein Scherenfernrohr am Küchenfenster. Da konnte unsere Mutter, waren wir anderen alle unterwegs, die Dörfelts beobachten. Augenscheinlich verfügte diese über ein ähnliches Instrument, denn eines Tages schossen sie von drüben mit einem Luftgewehr herüber. Ich erledigte das feindliche Fernrohr dafür mit einer Kleinkaliberbüchse, an diesem Abend ging unser Volkswagen unten im Hof in die Luft. Unser Vater, der als Oberkellner im hoch renommierten Café Imperial arbeitete, nicht schlecht verdiente und immer für den Ausgleich eintrat, meinte, wir sollten uns jetzt an die Polizei wenden. Aber unserer Mutter passte das nicht, denn Frau Dörfelt verbreitete in der ganzen Straße, wir, das heißt unsere gesamte Familie, seien derart schmutzig, dass wir mindestens zweimal jede Woche badeten und für das hohe Wassergeld, das die Mieter zu gleichen Teilen zahlen müssen, verantwortlich wären.

Wir beschlossen also, den Kampf aus eigener Kraft in aller Härte aufzunehmen, auch konnten wir nicht mehr zurück, verfolgte doch die gesamte Nachbarschaft gebannt den Fortgang des Streites. Am nächsten Morgen schon wurde die Straße durch ein mörderisches Geschrei geweckt. Wir lachten uns halb tot, Herr Dörfelt, der früh als Erster das Haus verließ, war in eine tiefe Grube gefallen, die sich vor der Haustür erstreckte. Er zappelte ganz schön in dem Stacheldraht, den wir gezogen hatten, nur mit dem linken Bein zappelte er nicht, das hielt er fein still, das hatte er sich gebrochen. Bei alledem konnte der Mann noch von Glück sagen – für den Fall, dass er die Grube bemerkt und umgangen hätte, war der Zünder einer Plastikbombe mit dem Anlasser seines Wagens verbunden. Damit ging kurze Zeit später Klunker-Paul, ein Untermieter von Dörfelts, hoch, der den Arzt holen wollte. Es ist bekannt, dass die Dörfelts leicht übel nehmen. So gegen zehn Uhr begannen sie unsere Hausfront mit einem Flakgeschütz zu bestreichen. Sie mussten sich erst einschießen, und die Einschläge befanden sich nicht alle in der Nähe unserer Fenster.

Das konnte uns nur recht sein, denn jetzt fühlten sich auch die anderen Hausbewohner geärgert, und Herr Lehmann, der Hausbesitzer, begann um den Putz zu fürchten. Eine Weile sah er sich die Sache noch an, als aber zwei Granaten in seiner guten Stube krepierten, wurde er nervös und übergab uns den Schlüssel zum Boden. Wir robbten sofort hinauf und rissen die Tarnung von der Atomkanone. Es lief alles wie am Schnürchen, wir hatten den Einsatz oft genug geübt, die werden sich jetzt ganz schön wundern, triumphierte unsere Mutter und kniff als Richtkanonier das rechte Auge fachmännisch zusammen. Als wir das Rohr genau auf Dörfelts Küche eingestellt hatten, sah ich drüben gegenüber im Bodenfenster ein gleiches Rohr blinzeln, das hatte freilich keine Chance mehr, Elli, unsere Schwester, die den Verlust ihres Rockes nicht verschmerzen konnte, hatte zornroten Gesichts das Kommando **>>Feuer!<<** erteilt. Mit einem unvergesslichen Fauchen verließ die Atomgranate das Rohr, zugleich fauchte es auch auf der Gegenseite. Die beiden Geschosse trafen sich genau in der Straßenmitte. Natürlich sind wir nun alle tot, die Straße ist hin, und wo unsere Stadt früher stand, breitet sich jetzt ein graubrauner Fleck aus. Aber eins muss man sagen, wir haben das Unsere getan, schließlich kann man sich nicht alles gefallen lassen. Die Nachbarn tanzen einem sonst auf der Nase herum.

Mit Konflikten umgehen lernen

Überlege bei jeder Stufe, was du tun könntest, um den Konflikt nicht weiter eskalieren zu lassen. Schreibe deine Vorschläge in die Denkblasen neben der Gewaltspirale!

Mit Konflikten umgehen lernen (Lösung)

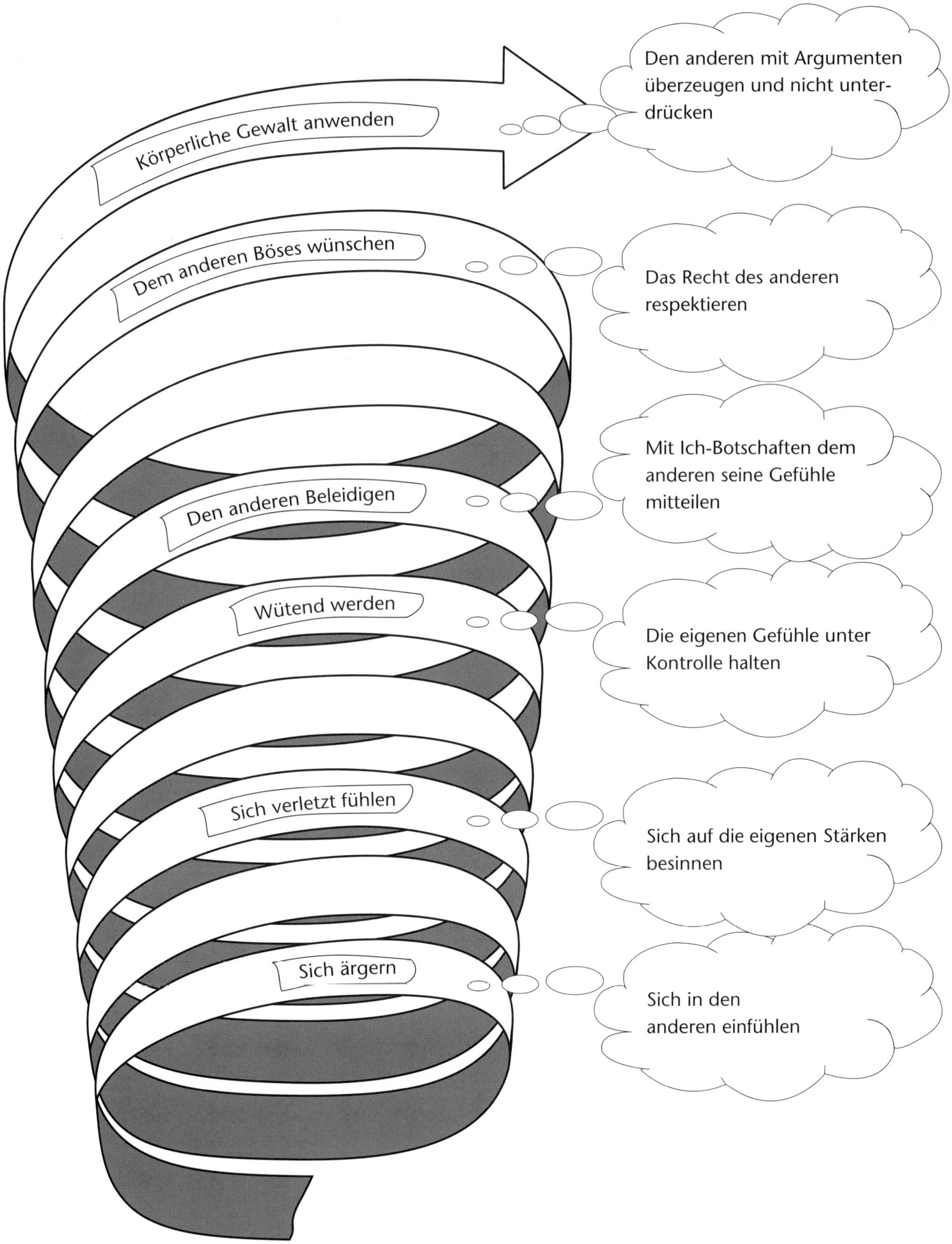

Überlege bei jeder Stufe, was du tun könntest, um den Konflikt nicht weiter eskalieren zu lassen. Schreibe deine Vorschläge in die Denkblasen neben der Gewaltspirale!

2.4 Arne bleibt cool

Kompetenz

Mit Konflikten angemessen umgehen.

Einstieg

- L legt Boxhandschuhe auf den Tisch.
  Sch stellen Vermutungen an.

Begegnung

- L trägt den ersten Absatz der Geschichte „Arne bleibt cool" **(B1)** vor.
- L: „Wie die Geschichte weitergeht, seht ihr auf dem Textblatt."
- Sch lesen die Geschichte „Arne bleibt cool".

Umsetzung

- L: „Spielt die Stellen, in denen Arne cool bleibt, mit verteilten Rollen!"

Transfer

- L: „Der Lehrer wundert sich, dass Arne nicht zuschlägt. Arne begründet sein Verhalten mit seiner Unterschrift im Boxverein. Ihr seid nicht im Boxverein, wie könnt ihr euch wehren, ohne körperliche Gewalt anzuwenden?" Z.B.:
  - Ich sage klar und deutlich, was mich ärgert und was ich mir wünsche.
  - Ich spreche mit anderen darüber, wie es mir geht, und lasse mich beraten.
  - Ich denke über den anderen nach und versuche Erklärungen für sein Handeln zu finden.
  - Ich mache dem anderen einen Lösungsvorschlag.
  - Ich erinnere mich an Situationen, in denen der andere gute Seiten gezeigt hat.
- L notiert Ergebnisse auf Foliensprechblasen **(B2)**.
- L blendet Folie mit einem Gesicht **(B3)** ein und legt die verschiedenen Vorschläge der Schüler um das Gesicht.

Sicherung/Hausaufgabe

- Sch erhalten **AB** „Wie kann ich cool bleiben?" und übertragen ihre Vorschläge. (Vgl. **B2**)

B2

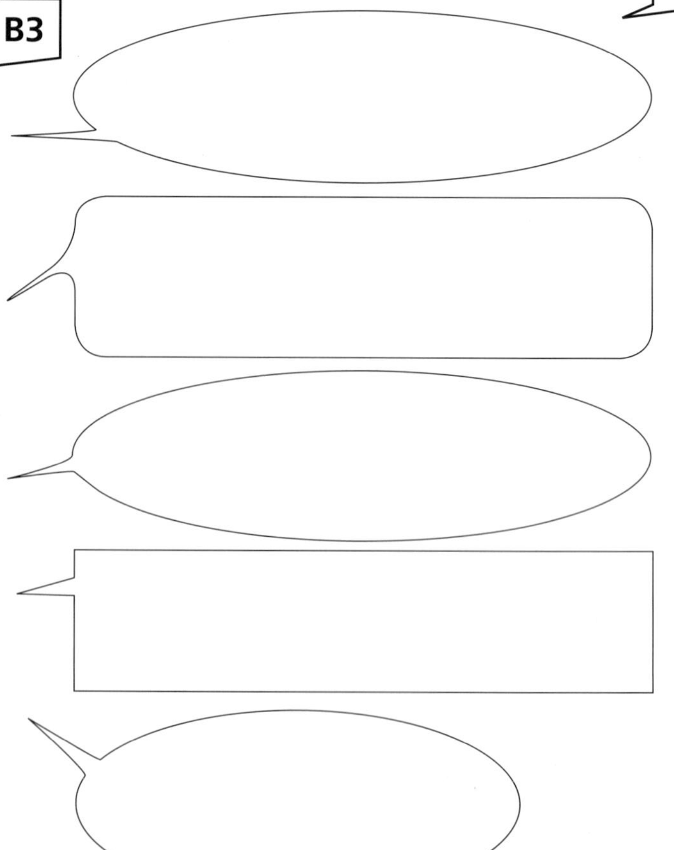

B3

© Anuschka Blommers/Niels Schumann, 1998, Class of 1998

Arne bleibt cool

Der Fünfklang des Gongs ließ ihn zusammenzucken, obwohl er so weich und harmonisch klang wie immer. Ungeduldig hatte Tobias auf die erlösenden fünf Gongschläge gewartet, die das Ende der Pause und den Beginn des Unterrichts anzeigten. Nicht, dass Tobias gerne Mathematik gemacht hätte. Im Gegenteil. Eigentlich zählte Prozentrechnung zu den Dingen, vor denen er sich am liebsten drückte. Aber das war jetzt unwichtig. Hauptsache, der Unterricht würde jetzt schnell wieder beginnen. Was und bei wem, war ihm völlig egal. Während der Unterrichtsstunde war er vor Sebastian sicher. In den Pausen dagegen musste man sich vor ihm in Acht nehmen. Da war er unberechenbar. Darum hatte Tobias das Gongzeichen kaum erwarten können. Als es endlich ertönte, war er doch zusammengezuckt.
Er wusste ganz genau, dass hinter der Ecke im Flur, dort wo der Gang zu ihrer Klasse nach rechts abbog, Sebastian auf ihn warten würde.
Zögernd setzte sich Tobias in Bewegung. Plötzlich hatte er es nicht mehr eilig. Wie konnte er nur an Sebastian vorbeikommen? Die anderen würden ihm nicht helfen. Entweder machten sie alles, was Sebastian wollte. Oder sie blickten fort und taten so, als ob sie nichts mitbekommen würden. Die hatten doch genauso viel Angst vor Sebastian wie er. Selbst Arne. Warum sogar der einen Bogen um Sebastian machte, verstand Tobias nicht. Arne war zwar nicht größer als er, aber ein Kreuz hatte der! Und Muskeln! Der musste doch doppelt so stark sein wie Sebastian. Leicht könnte der ihn aufs Kreuz legen. Oder gegen die Schulhofmauer klatschen. Aber nein. Arne wich ihm genauso aus wie alle anderen. Und selbst, wenn Sebastian ihn provozierte, hielt er sich zurück. Wenn ich solche Arme hätte wie Arne, dachte Tobias, dann würde ich jetzt ...
Tobias hatte den Eingang erreicht und trat in den Flur. Von hier aus konnte er die Ecke, hinter der Sebastian stehen würde, bereits sehen. Unwillkürlich wurden seine Schritte langsamer. Die meisten Schülerinnen und Schüler waren bereits in ihren Klassenräumen verschwunden. Eine aus der Klasse unter ihm lief noch zum Papierkorb neben dem Eingang und warf ihr zusammengeknülltes Butterbrotpapier hinein. Tobias spürte seinen Magen knurren. Sein Butterbrot lag zerquetscht auf dem Aschenboden hinten am Schulhofzaun. Als er gerade zubeißen wollte, war Sebastian von hinten gekommen, hatte seine Hand um seine gelegt und dann ganz fest zugedrückt. Immer fester, bis das Brot mit der Butter und der Salami aus seiner Hand herausgequetscht wurde und auf den Boden fiel. Tobias hatte das Gefühl, als würde er ihm alle fünf Finger brechen. Laut hatte er aufgeschrien und dann versucht, sich loszureißen. Aber Sebastian hatte ihn so fest im Griff gehabt, dass er keine Chance hatte. Ein paar aus seiner Klasse hatten sich zwar um die beiden gestellt, um zu sehen, was es da gab. Aber geholfen hatte ihm niemand. Als das Brot in der Asche lag, hatte Sebastian es mit dem Fuß direkt vor Arne gekickt. „Für dich!", hatte er gelacht.
„Damit deine Muskelpakete platzen!"
Aber Arne war ganz ruhig geblieben. Mit einem einzigen Schlag hätte er Sebastian auf den Boden werfen können. Aber er hatte nur „Du langweilst" gesagt, und war weitergegangen, ohne Sebastian oder ihn weiter zu beachten.
„Jetzt beeil dich! Die Stunde hat längst begonnen." Die Stimme des Mathematiklehrers hinter ihm klang verärgert. „Hier, nimm mir mal die Hefte ab."
Als Tobias sie auf den Lehrertisch ablegte, merkte er, wie der Blick von Herrn Salomo auf seine blutunterlaufenen Fingernägel fiel. „Habt ihr euch schon wieder geschlagen!" Früher hatte er nach solchen Bemerkungen laut geseufzt. Das hatte er sich inzwischen abgewöhnt.
„Im Gegensatz zu meinem großen Namensvetter bin ich mit meiner Weisheit langsam am Ende. Dass man Auseinandersetzungen auch anders führen kann, werde ich euch wohl nie vermitteln können!"
Er schob den Stapel Hefte von der linken Seite des Tisches auf die rechte. „Schade, dass ihr so wenig Vorbilder habt, Frauen und Männer, denen ihr nacheifern wollt. Von denen ihr sagen könntet: So wie die, so möchte ich auch werden. Als ich so alt war wie ihr, da waren das für mich Albert Schweitzer, Mahatma Gandhi oder Martin Luther King. Aber ihr ..." Er unterbrach sich, griff nach den Heften und verteilte sie. Übungsarbeit. Sonst ging Herr Salomo bei Arbeiten immer zwischen den Tischen umher, um sicherzugehen, dass niemand abschrieb. Jetzt saß er die ganze Zeit an seinem Tisch und schaute durchs Fenster nach draußen. Tobias warf zwischen den einzelnen Rechenaufgaben immer wieder einen Blick zu ihm hinüber. Wie versteinert starrte der Lehrer in den wolkenverhangenen Himmel. In Gedanken schien er ganz woanders zu sein. Irgendwo. Auf jeden Fall nicht beim Mathematikunterricht.
Kurz bevor das Gongzeichen ertönen musste, sammelte er die Hefte wieder ein. (...) Er ging zur Tür.

B1

Dann drehte er sich noch einmal um: „Mathematik kann ich euch beibringen. Mit etwas Glück, Geduld und ein paar Ideen. Aber wie ich euch die wichtigen Dinge des Lebens nahebringen soll, das weiß ich immer weniger."
Langsam trat er auf den Flur hinaus. So resigniert hatte Tobias seinen Lehrer noch nie gesehen. Tobias sah ihm nach, selbst als er längst im Flur verschwunden war und die anderen ihre Sachen in die Schultaschen und Beutel packten. Als vor ihm Arnes Etui auf den Boden fiel, wachte er aus seinen Gedanken auf. Er sah, wie Sebastian zwei Schritte nach vorne kam, wie zufällig mit der Hacke auf Arnes Etui trat und seinen Absatz noch einmal kräftig hin- und herdrehte. Ein leises Knacken war zu hören. Dann sickerte blaue Tinte aus dem Etui auf den Boden.
„Du hättest dein Heft ruhig etwas mehr rüberhalten können", sagte er grinsend. „Meinst du, ich will mir den Hals verrenken? Nein! Merk dir das! Fürs nächste Mal."
Tobias blickte gespannt auf Arne.
Jetzt musste doch was passieren! Jetzt musste Arne doch zuschlagen. Das konnte der sich doch nicht einfach so gefallen lassen. Der brauchte nicht klein beizugeben. Der nicht!
Aber Arne hob nur das Etui auf, klappte es auseinander und stellte in einem betont sachlichen Ton fest: „Füller, Bleistift, Lineal. Etwa 18 Euro. Dann noch die Mappe. Zusammen 28 Euro. Du kannst mir das Geld gleich geben. Aber wie ich dich kenne, wirst du zu dumm dazu sein und warten, bis ich es dem Salomo gemeldet habe. Aber du kannst es dir ja noch mal überlegen. Die Pause dauert fünfzehn Minuten."
Die nächste Stunde hatten sie wieder bei Herrn Salomo. Arne stand im Flur, um ihn abzufangen. Tobias konnte durch die geöffnete Tür sehen, wie er auf den Lehrer zutrat. Während Arne von dem Vorfall berichtete und sein Etui zeigte, kamen die beiden in den Raum.
„Finde ich gut, dass du kommst, damit wir die Sache gemeinsam bereden und klären können", sagte der Lehrer. Dann hielt er inne und sah Arne fragend an. „Aber warum hast du Sebastian eigentlich keine geknallt? Ich muss gestehen, ich hätte gedacht, dass du ihn verprügeln würdest. So wie du gebaut bist!"
„Ich bin im Boxverein." Es sah so aus, als ob Arne nicht wüsste, wo er seine Hände lassen sollte. „Wenn ich bei einer Schlägerei mitmache, fliege ich raus. Das musste ich sogar unterschreiben."
„Solche Regeln habt ihr?", staunte der Lehrer. „Ich kenne mich da wirklich zu wenig aus. Vielleicht solltest du uns da mal mehr von erzählen. Oder uns einfach mal mitnehmen, wenn das erlaubt ist und welche von den anderen Interesse haben."
Und ob sie Interesse hatten! Sogar einige der Mädchen wollten mitkommen. Nur Sebastian fand den Vorschlag ätzend. Doch als die meisten zusagten, brummelte er auch ein „von mir aus", damit es nicht so aussah, als ob er kneifen würde.
Arnes Boxlehrer hatte nichts gegen den Besuch. Sie durften sogar in den Ring steigen. Einer nach dem anderen. Als Sebastian sich durch die Seile schob und Arne geschmeidig vor ihm hin- und hertänzelte, mit der einen Faust das Gesicht deckte und mit der anderen angriff, konnte Tobias genau sehen, wie Sebastians Knie zitterten. Nach diesem Nachmittag war es irgendwie anders in der Klasse.

aus: Rainer Engelmann / Tatort Klassenzimmer
© 1994 Arena Verlag GmbH, Würzburg

Wie kann ich cool bleiben?

Übertragt eure Vorschläge, wie ihr euch wehren könnt, ohne Gewalt anzuwenden, in die Sprechblasen!

2.5 Weisungen Jesu zur Bewältigung von Konflikten

Kompetenz

Die Weisungen Jesu kennen und bereit sein zu offenem Gespräch, Zivilcourage, Gewaltverzicht und Versöhnung.

Motivation

- L zeigt Zeichnung von Jesus **(B1)** als Folie.
  Sch nehmen Stellung.
  Sch-Äußerungen werden an TA kommentarlos festgehalten.
- L trägt Lk 6,27-31 u. 41-42 **(B2)** dazu vor.

Alternative Motivation

- L spielt Filmszene aus „Das Erste Evangelium – Matthäus" **(B3)** ein.
- Sch fassen die Szene mit eigenen Worten zusammen.
- L: „Was beeindruckt euch an dieser Filmszene? Welche Aussagen Jesu sind bei euch hängen geblieben?"

Begegnung

- L: „Die Weisungen Jesu klingen im ersten Moment provozierend. Worauf es Jesus ankommt, erfährst du im Text ‚Weisungen Jesu zur Bewältigung von Konflikten'." (vgl. **B4**)

Erarbeitung

- L: „Unterstreicht die fünf wichtigsten Sätze im Text mit roter Farbe!"
- L: „Malt mit grüner Farbe ein Kästchen um die Stelle, worauf es Jesus besonders ankommt!"

Sicherung

- L: „Wählt eine Aufforderung Jesu aus und gestaltet damit ein Lesezeichen oder eine Spruchkarte!"

B1

B2

Jesus: „Euch, die ihr mir zuhört, sage ich: Liebt eure Feinde; tut denen Gutes, die euch hassen. Segnet die, die euch verfluchen; betet für die, die euch misshandeln.
Dem, der dich auf die eine Wange schlägt, halt auch die andere hin, und dem, der dir den Mantel wegnimmt, lass auch das Hemd.
Gib jedem, der dich bittet; und wenn dir jemand etwas wegnimmt, verlang es nicht zurück.
Was ihr von anderen erwartet, das tut ebenso auch ihnen. (...)
Warum siehst du den Splitter im Auge deines Bruders, aber den Balken in deinem eigenen Auge bemerkst du nicht?
Wie kannst du zu deinem Bruder sagen: Bruder, lass mich den Splitter aus deinem Auge herausziehen!, während du den Balken in deinem eigenen Auge nicht siehst? Du Heuchler! Zieh zuerst den Balken aus deinem Auge; dann kannst du versuchen, den Splitter aus dem Auge deines Bruders herauszuziehen." (Lk 6, 27-31 u. 41-42)

B3

„Das Erste Evangelium – Matthäus"

(136 Min., 1964, sw, Regie: Pier Paolo Pasolini)
Weitgehend dem Text des Matthäusevangeliums folgend erzählt der Film den Lebensweg Jesu, der von Anbeginn durch seinen Kreuzestod überschattet ist. Pasolini zeichnet das Bild eines Christus, der mit kämpferischer Entschiedenheit auftritt. Im Zentrum steht das Gebot der Nächstenliebe, das in zahlreichen Kontrasten zwischen der Armut des einfachen Volkes, dem Hochmut der Reichen und der konkret verwirklichten Gerechtigkeit Christi inszeniert wird. (Geeignet ab 14 Jahren)

Weisungen Jesu zur Bewältigung von Konflikten

B4

Nicht zurückschlagen, wenn man angegriffen wird? Wo soll das hinführen? Gibt man durch das eigene Stillhalten dem Täter nicht am Ende noch Recht, sein Interesse mit Gewalt durchzusetzen? Bestärkt diese Haltung nicht sogar einen Gewalttäter, da er mit keiner Gegenwehr rechnen muss?

Kann Jesus wirklich so blauäugig und naiv gewesen sein, von seinen Jüngern ein so weltfremdes Handeln zu verlangen? Sollen sich Christen stets als Schwächlinge präsentieren?

Doch Vorsicht! Diese Sätze darf man nicht als „Gesetze" lesen, die buchstabengetreu angewendet werden müssen.

Jesus kommt es darauf an, dass wir in unserem Herzen eine andere Grundeinstellung zu den Mitmenschen bekommen: Nicht die Angst um uns selber und die Angst vor den anderen sollte unser Denken, Fühlen, Wollen und Handeln prägen, sondern das Vertrauen, das aus dem Gefühl der Geborgenheit im Glauben erwächst.

Wer von einer stark machenden Gotteserfahrung so durchdrungen ist, dass er sich in jedem Augenblick getragen fühlen kann, den beherrschen nicht mehr all die unseligen Ängste. Seine Sorge gilt nicht mehr vorrangig dem pausenlosen Kampf um das eigene Glück. Diese Einsicht erlaubt ihm, vieles gelassener zu sehen und ruhiger anzugehen.

Er muss nicht länger seine Energien in nutzlose Kämpfe investieren. Sinnvoller vermag er sie jetzt in positive Beziehungsarbeit einfließen zu lassen. Das Kreisen um sich selbst ist zum Stillstand gekommen. Aus dieser inneren Freiheit und Stärke heraus wird es dann auch möglich, einmal nicht so zu reagieren, wie es üblich ist und wie andere es erwarten.

Jesus will uns Mut machen, die üblichen Verhaltensweisen zu durchbrechen: Eben nicht gleich zurückschlagen nach dem ersten Hieb. Das mag den Angreifer eventuell schon stutzig machen, da er als „normale" Reaktion nun einen Gegenschlag erwartet. Mag sein, dass dadurch ein zweiter Schlag unterbleibt.

Aber nochmals, damit kein Missverständnis aufkommt: Wir dürfen bei diesen Jesus-Worten nicht am Buchstaben kleben bleiben! Es kann nicht darum gehen, auf eine gezielte Brutalität nun mit Stillhalten zu antworten, damit weitere Schläge noch wirkungsvoller platziert werden können! Notwehr ist in angemessener Form immer erlaubt. Und Davonlaufen ist manchmal die brauchbarste Lösung, um dann z.B. die Polizei zu verständigen.

Jesus will nicht die Kapitulation vor der Gewalt! Nichts liegt ihm ferner, als jeglicher Gewaltherrschaft das Feld zu überlassen. Aber Gewalt, die mit Gegengewalt beantwortet wird, ist damit nicht beseitigt, bestenfalls für einen Moment zum Schweigen gebracht.

Wenn Böses mit Bösem zu vergelten also nicht weiterhilft, dann müssen wir, so Jesus, die Spirale der Gewalt an der nächstmöglichen Stelle wenigstens unterbrechen, z.B. durch den Verzicht auf den Rückschlag. Das erfordert aber eine Stärke besonderer Art.

1. Unterstreiche die fünf wichtigsten Sätze im Text mit roter Farbe!
2. Malt mit grüner Farbe ein Kästchen um die Stelle, worauf es Jesus besonders ankommt!
3. Wähle eine Aufforderung Jesu aus und gestaltet, damit ein Lesezeichen oder eine Spruchkarte.

2.6 Martin Luther King: Gewalt ist keine Lösung!

Kompetenz

Martin Luther Kings Einstellung zur Gewalt als Modell für das eigene Handeln reflektieren und anwenden.

Einstieg/Themenfindung

- L zeigt Folienbild „only whites" **(B1)**.
  Sch beschreiben das Bild und stellen Fragen.
- L: „Es gibt einen Mann, der konnte sich mit dieser Ungerechtigkeit nicht abfinden."

Begegnung

- L erzählt den ersten Teil der Lebensgeschichte Martin Luther Kings (Gewalt ist keine Lösung!/**B2**) bis „... legte dem Mädchen Handschellen an und brachte es ins Gefängnis." (Mitte der 2. Spalte)
- Sch erhalten Textblatt **(B2)** und lesen weiter.

Erarbeitung

- L: „Erstellt einen kurzen Steckbrief Martin Luther Kings mit Hilfe des **AB**."
- L notiert Ergebnisse an TA/auf Folie. (Vgl. **AB-Lösung**)

Vertiefung

- L: „Martin Luther King gab vielen Menschen Hoffnung und Mut für die Zukunft. Begründe!"
- L: „Woher nahm er die Kraft für seinen Kampf?"

Transfer

- L: „Wo wird Martin Luther King mit seiner Botschaft heute gebraucht? Überlegt!"

Sicherung

- Sch übertragen TA/Folie auf **AB**.

Alternative Stundengestaltung

- L zeigt einen der angegebenen Filme **(B4)**. Der Spielfilm a) ist in sieben Abschnitte unterteilt und kann auch abschnittweise betrachtet werden.

B4

Filmvorschläge

a) Martin Luther King: Dann war mein Leben nicht umsonst

(135 Min., 1978, Regie: Sidney Lumet/Joseph L. Mankiewicz)
Die neue Gesamtfassung des preisgekrönten, aus Wochenschaumaterial zusammengestellten Dokumentarfilms behandelt die wichtigsten Stationen des Bürgerrechtlers und Pastors Martin Luther King, der seinen Kampf um die Gleichberechtigung der Schwarzen in den USA konsequent gewaltlos führte und schließlich mit dem Leben bezahlen musste. Der Film ist in sieben Abschnitte unterteilt: Busstreik in Montgomery, 23 min -- Protest in Birmingham, 22 min -- Marsch auf Washington, 15 min -- Demonstration für Wahlrecht, 26 min -- Unruhen in Chicago, 22 min -- Rede zum Vietnamkrieg, 15 min -- Tod und Beerdigung, 15 min. (Geeignet ab 12 Jahren)

b) Martin Luther King – I have a dream

(Dokumentarfilm, 17 Min., 1998)
Martin Luther King zählt zu den bedeutendsten Vertretern des gewaltlosen Widerstands. Die Dokumentation entwirft ein Porträt und berichtet anhand von Originalmaterial und Statements von einstigen Weggefährten über wesentliche Stationen seines Lebens. Durch aktuelle Bezüge zur gegenwärtigen Situation der farbigen Bevölkerung in den Südstaaten der USA wird auch deutlich, dass der Kampf der Bürgerrechtsbewegung gegen rassistische Diskriminierung zwar nicht vergeblich war, aber leider immer noch aktuell ist. (Geeignet ab 12 Jahren)

B1

Martin Luther King: Gewalt ist keine Lösung!

B2

Martin Luther King hat uns vorgelebt, wie Konflikte ohne Gewalt gelöst werden können.

Er wurde am 15.1.1929 in Atlanta, im Süden der USA geboren. Dort besuchte er die Volksschule und später ein College. King studierte Theologie, er war einer der wenigen Studenten seiner Zeit mit schwarzer Hautfarbe. Während seines Studiums lernte er die schwarze Studentin Coretta Scott kennen, die er 1953 heiratete. 1954 übernahm Martin Luther King die Stelle eines Pastors der Baptistenkirche in Montgomery, ebenfalls im Süden der USA. Als er diese Stelle antrat, hatten die Schwarzen in den USA weniger Rechte als die weißen Mitbürger.

Die Omnibusse z.B. hatten innen zwei Abteilungen, eine für Weiße und eine für Schwarze. Der den Weißen vorbehaltene Teil des Busses durfte unter keinen Umständen von Schwarzen benutzt werden, auch nicht, wenn kein einziger weißer Fahrgast anwesend war.

Hier in Montgomery, wie überall in den Staaten, sah man es häufig, dass sich im hinteren Teil der Omnibusse die Fahrgäste drängten, während sich vorn kein Mensch aufhielt. Falls dagegen mehr weiße Fahrgäste im Bus waren, als Plätze für sie zur Verfügung standen, hatten sie das Recht, Sitzplätze von den Schwarzen zu beanspruchen. Falls ein Schwarzer sich weigerte, seinen Platz einem Weißen zu überlassen, musste er mit seiner Verhaftung rechnen.

Als Pastor King erst kurze Zeit in Montgomery war, ereignete sich ein solcher Vorfall. Eine fünfzehnjährige Schülerin namens Golvin wollte ihren Platz nicht an einen weißen Fahrgast abtreten. Ein herbeigerufener Polizist legte dem Mädchen Handschellen an und brachte es ins Gefängnis. (...)

Es war ein gutes halbes Jahr später. Am 1. Dezember 1955 wollte Mrs. Rosa Parks, eine schwarze Näherin, von dem Warenhaus, in dem sie arbeitete, nach Hause fahren. Übermüdet, wie sie war, setzte sie sich auf den ersten Sitz hinter den für die Weißen reservierten Plätzen. Das war ihr gutes Recht. Neben ihr saßen drei Schwarze. Nachdem immer mehr weiße Fahrgäste zugestiegen waren, forderte der Schaffner die vier Schwarzen auf, ihre Plätze freizugeben. Die drei Männer gehorchten, nicht so die Näherin. Frau Parks war müde. Und warum sollte sie eigentlich gehorchen? Sie hatte den Fahrpreis bezahlt, und der Platz, auf dem sie saß, stand ihr zu. Der Schaffner aber veranlasste ihre Verhaftung.

Die Festnahme der Näherin wurde zum folgenschweren Politikum, die Bürgerrechtsbewegung Martin Luther Kings kam in Gang. Der entscheidende Tag war der 5. Dezember 1955. Die Flugblätter waren verteilt, die Schwarze von Montgomery zum Boykott der Busse aufriefen. Pastor King fuhr mit seinem Wagen durch die Stadt und besah sich jeden vorüberfahrenden Bus: „Während dieser Spitzen-Verkehrszeit am Morgen zählte ich nur acht Schwarze in den Autobussen. Ich jubelte. Statt der erhofften sechzig Prozent waren es fast hundert Prozent, die sich an dem Protest beteiligten. Ein Wunder war geschehen! Die schlafenden, teilnahmslosen Schwarzen waren erwacht."

Im Laufe der 381 Tage dauernden Aktion wurde King festgenommen und inhaftiert. Zudem bekam er mehrere Morddrohungen und sein Haus wurde durch einen Bombenanschlag zerstört. Aber der Boykott endete 1956 erfolgreich mit einem Erlass des Obersten Gerichtshofes, der jegliche Art von Rassentrennung in öffentlichen Verkehrsmitteln der Stadt für gesetzwidrig erklärte. Martin Luther King ging aus dieser Aktion als hoch angesehener Führer der Schwarzen hervor.

Martin Luther King
1964 © Trikosko, Marion S.

Im Jahr 1963 führte er eine große Bürgerrechtskampagne in Birmingham in Alabama an. Er organisierte im ganzen Süden der USA Aktionen für die Registrierung Schwarzer in die Wählerlisten, gegen Rassentrennung und für bessere Schulbildung und Wohnungen. Während dieser Aktionen wurde er mehrfach inhaftiert.

Ein weiterer Höhepunkt in der Lebensgeschichte Kings war der „Marsch auf Washington" am 28. August 1963. Wieder war er die treibende Kraft. So etwas war bis dahin noch nicht vorgekommen: 200 000 Nichtweiße und Weiße marschierten Richtung Washington, um vor dem Denkmal von Abraham Lincoln friedlich zu demonstrieren.

Bei der Kundgebung gab es mehrere Sprecher. Den größten Eindruck machte Martin Luther King. Die Zeitschrift Time erhob den Baptisten-Pastor aus Atlanta zum „Mann des Jahres" und schrieb: „Nach 1963 wird der Schwarze dank der Hilfe Martin Luther Kings nie wieder sein, wo und was er vorher war." In Kings denkwürdiger Ansprache in Washington fielen jene viel diskutierten Worte: I have a dream: „... Ich habe einen Traum, dass eines Tages auf den roten Hügeln in Georgia die Söhne der früheren Sklaven und die Söhne der früheren Sklavenhalter miteinander an dem Tisch der Brüderlichkeit sitzen können. Ich habe einen Traum, dass eines Tages selbst der Staat Mississippi, in dem Ungerechtigkeit schwelt und ihr Wesen treibt mit dem Feuer der Unterdrückung, sich in eine Oase der Freiheit und Gerechtigkeit verwandeln wird.

Ich habe einen Traum, dass meine vier kleinen Kinder eines Tages in einem Volk leben werden, in dem man sie nicht nach der Farbe ihrer Haut behandeln wird, sondern nach dem, was ihr Charakter aus ihnen macht.

Das ist unsere Hoffnung. Das ist mein Glaube, dass ich zurückgehen werde in den Süden, mit - ja, mit diesem Glauben, dass wir den Berg der Verzweiflung verwandeln können in einen Felsen der Hoffnung."

1964 bekam er als Wortführer der gewaltlosen Rassenintegration den Friedensnobelpreis.

Am 3. April 1968 sagte er in Anspielung auf Mose, er habe „das Gelobte Land" gesehen. Einen Tag später wurde er erschossen.

Hunderttausende Menschen kamen zu seiner Beerdigung in Atlanta. Ein weißer entflohener Häftling, James Earl Ray, wurde wegen des Mordes festgenommen; er erklärte sich schuldig und wurde zu 99 Jahren Gefängnis verurteilt.

1983 wurde der dritte Montag im Januar zu Ehren Martin Luther Kings zum Nationalfeiertag in den USA erklärt; sein Geburtshaus und sein Grab in Atlanta gehören zu den nationalen Denkmälern.

1. Erstelle einen kurzen Steckbrief Martin Luther Kings.
2. Woher nahm er die Kraft für seinen Kampf ?
3. Wo wird Martin Luther King mit seiner Botschaft heute gebraucht?

Martin Luther King: Gewalt ist keine Lösung!

Geboren: ______________________________

Beruf: ______________________________

Missstände damals:

____

____

Farbige mussten Weißen ihre Plätze überlassen, sonst drohten:

____

Martin Luther King konnte sich damit nicht abfinden. Er rief auf zum Boykott der Busse. Er organisierte im ganzen Süden der USA gewaltfreie Aktionen:

- ______________________________
- ______________________________
- ______________________________
- ______________________________

28.8.1963: ______________________________
– friedliche Demonstration von 200 000 Menschen mit der berühmten Rede von Martin Luther King:

____

1964 erhält Martin Luther King den ______________________________

Am 4.4.1968 wird Martin Luther King ______________________________

Seit 1983: ______________________________

____

Wo wird Martin Luther King mit seiner Botschaft heute gebraucht?

____

____

____

Martin Luther King, 1964
© Trikosko, Marion S.

Martin Luther King: Gewalt ist keine Lösung! (Lösung)

Geboren: 1929 in Atlanta

Beruf: Pastor

Missstände damals:
Farbige haben weniger Rechte als weiße Mitbürger, z. B. in Omnibussen zwei Abteilungen für Weiße und Farbige.

Farbige mussten Weißen ihre Plätze überlassen, sonst drohten:
Handschellen, Verhaftung, Gefängnis.

Martin Luther King konnte sich damit nicht abfinden. Er rief auf zum Boykott der Busse.
Er organisierte im ganzen Süden der USA gewaltfreie Aktionen:

- für die Registrierung Farbiger in die Wählerlisten
- gegen Rassentrennung
- für bessere Schulbildung
- für Wohnungen.

28.8.1963: „Marsch auf Washington"
– friedliche Demonstration von
200 000 Menschen mit der berühmten
Rede von Martin Luther King:
„I have a dream …"

1964 erhält Martin Luther King den Friedensnobelpreis.

Am 4.4.1968 wird Martin Luther King ermordet.

Seit 1983: Nationalfeiertag zu Ehren Martin Luther Kings in den USA.

Wo wird Martin Luther King mit
seiner Botschaft heute gebraucht?

Martin Luther King, 1964
© Trikosko, Marion S.

2.7 Gewalt im Alltag entdecken und handeln

Kompetenz

Erkennen, wo sich im Alltag Gewalt versteckt, und handeln.

Vorbereitung

Wortkarten: Was ist Gewalt? – Gewalt – Keine Gewalt **(B3)**
Kreppband

Motivation

- L legt Folienbild „Auf einen Blick" – Gruppenbild von allen Schülern einer Schule (**B1**, aus Folienmappe EINFACH LEBEN 5) auf.
  Sch beschreiben das Foto.

B1

Begegnung/Themenfindung

- L verteilt Textblatt „Was in einer Schule alles passieren kann" **(B2)**.
  Sch lesen.

Erarbeitung

- L: „Das alles kann an einer Schule passieren." L heftet Wortkarte „Was ist Gewalt?" an TA.
- Im Raum wird ein 3-5 Meter langer Kreppbandstreifen auf den Boden geklebt. Dieser kennzeichnet das Meinungsbarometer. An das eine Ende wird ein DIN-A4-Blatt mit der Aufschrift „Gewalt" gelegt, an das andere Ende ein Blatt mit der Beschriftung „Keine Gewalt" **(B3)**.
- L: „Ich möchte von euch gerne wissen, was ihr für Gewalt haltet und was nicht."
- L: „Ich lese euch nun nacheinander die Äußerungen der Schüler vor und ihr steht auf und stellt euch zur entsprechenden Karte, je nachdem, ob es sich nach eurer Meinung dabei um Gewalt handelt oder nicht. Ihr könnt auch Zwischenpositionen einnehmen."
  (Wenn sich die Sch aufgestellt haben, können einige Sch jeweils ihren Standpunkt begründen. Der L kann darüber hinaus auch einige Sch gezielt befragen.)

Auswertung

- L: „War es für euch leicht oder eher schwierig zu entscheiden?"
- L: „Bei welcher Äußerung wart ihr unsicher?"
- L: „Wo gab es die meisten Übereinstimmungen, wo gab es verschiedene Meinungen?"

Transfer

- L: „Ihr habt erkannt, dass Gewalt auch versteckt sein kann. Überlegt, was Schüler dagegen tun können!" (arbeitsteilig PA/GA)

Abschluss/Hausaufgabe

- L teilt **AB** aus.
  L: „Eine Schule hat zu diesem Problem Regeln aufgestellt. Unterstreicht die Regeln, die ihr für unsere Schule für besonders wichtig haltet!"

B3

Gewalt

Was ist Gewalt?

Keine Gewalt

Was in einer Schule alles passieren kann

Mich ärgert, dass manche Mädchen über andere ständig lästern. Das geht manchmal so weit, dass einige richtig fertiggemacht werden.

Mir passiert es häufig, dass einer aus meiner Klasse einfach herkommt und sich aus meinem Mäppchen bedient. Die Stifte sehe ich nie wieder.

Mich stört, dass im Pausenhof manche Schüler angemacht und provoziert werden, wenn kein Lehrer in der Nähe ist.

Zu mir sagen sie immer „Hurensohn", obwohl sie meine Mutter überhaupt nicht kennen.

Ich werde häufig einfach ignoriert und ausgeschlossen. Das tut furchtbar weh.

Manche verbreiten über mich immer wieder Gerüchte, mit wem ich schon etwas gehabt hätte. Dabei stimmt kein einziges Wort.

Ich tue mich in Mathe schwer. Deshalb werde ich häufig ausgelacht.

Ich weiß, dass ich nicht so hübsch bin wie andere. Aber deswegen muss man mich doch nicht gleich veräppeln.

Schon auf dem Weg zur Schule werde ich angerempelt und drangsaliert, nur weil ich nicht so stark bin wie die anderen.

Zu mir sagen sie „Kümmeltürke", obwohl ich in Deutschland geboren und aufgewachsen bin.

B2

Unsere Schule – ein gutes Miteinander

Wir wollen alle hier an der Schule eine gute Atmosphäre erleben und deshalb müssen sich auch alle Beteiligten um ein gutes und wohlwollendes Miteinander bemühen.

In unserer Schule soll niemand Angst haben, von anderen verlacht, verspottet oder Opfer von Gewalt zu werden.

Wir werden alles unternehmen, damit in unserer Schule eine Atmosphäre des Vertrauens und der gegenseitigen Achtung herrschen kann.

Wir verzichten auf jede Art von Beleidigung und Provokation untereinander.

Wir wollen versuchen, bei Kränkungen gelassen zu reagieren, um auftretende Spannungen besser abbauen zu können.

Wenn wir in einen Streit verwickelt sind, den wir selbst nicht mehr lösen können, werden wir Personen unseres Vertrauens bitten, als Vermittler tätig zu werden, damit der Konflikt nicht gewaltsam endet.

Wir dulden nicht, dass jemand an unserer Schule erpresst wird.

Als Zeugen von Gewalt werden wir nicht gleichgültig bleiben, sondern nach Möglichkeiten suchen, den Streit gewaltlos zu schlichten.

Wenn wir versteckte Gewalt im Schulalltag beobachten, wollen wir den Mut aufbringen, dies öffentlich zu machen, damit wir gemeinsam dagegen vorgehen können.

Mitschüler, die andere ausgrenzen, beleidigen, erpressen oder schlagen, können wir solange nicht zu unseren Freunden zählen, bis sie davon ablassen.

2.8 Sich selber neu sehen lernen

Kompetenz

Eine Methode kennen, um Ursachen und Hintergründe von Spannungen und Konflikten aufzuspüren.

Vorbereitung

Die Schüler bringen 10 bis 15 Münzen in verschiedener Größe mit. Es können auch alte und ausländische Münzen sein. Der L hält zusätzlich ein Säckchen Münzen bereit.

Motivation

- L deckt Folienbild **(B1)** von einem Mädchen mit einer Maske schrittweise auf: erst das Mädchen, dann die Maske.
  Sch beschreiben das Bild und erkennen, dass das Mädchen ernst schaut und die Maske lächelt.
- L trägt Text „Eine Maske" **(B2)** vor.

Begegnung

- L: „Warum verhalten wir uns anders, als wir es eigentlich wollen? Dieser Frage wollen wir mit einer Geschichte auf die Spur kommen."
- Sch lesen die Geschichte „Sich selber neu sehen lernen" **(B3)** laut vor. L legt an den Stellen, wo von den Münzen die Rede ist, Münzen auf den OHP.

Erarbeitung

- L: „Wie geht es euch nach der Geschichte?"
- L: „Durch die Münzen wird Jenny einiges klar."

Transfer

- L: „Wir wollen selbst einmal probieren, ob dieses ‚Spiel mit Münzen' auch uns helfen kann." (siehe **B4**)

Auswertung / Sicherung

- L: „Durch das Legen der Münzen ist dir etwas klar geworden. Wenn du willst, kannst du das auf dem **AB** festhalten."
- L: „Gestalte das **AB** mit Münzen für Personen aus deinem Umfeld!"

B4

Spiel mit Münzen – Anleitung

Nimm deine mitgebrachten Münzen und lege sie neben ein weißes Blatt.
Betrachte deine Münzen und überlege, welche besonders gut zu dir passt! Lege sie auf das weiße Blatt!
Überlege noch einmal kurz, warum du diese Münze für dich ausgewählt hast!
Erinnere dich nun an eine Auseinandersetzung, die du vor Kurzem hattest.
Wer war außer dir daran beteiligt?
Wähle für diese Person/en die passende/n Münze/n aus.
Überlege, in welchem Abstand zu deiner Münze du die Münzen legen willst.
Schiebe die Münzen so lange, bis sie für dich richtig liegen.
Lasse nun die Münzen miteinander ins Gespräch kommen. Was könnten die Münzen (Personen) zueinander sagen? Verschiebe die Münzen so, wie das Gespräch verläuft.
Was wird dir durch das Spiel mit den Münzen klar?

B1

© Thomas Schlereth

B2

Eine Maske

Es gibt Tage,
da trage ich eine Maske.
Da bin ich nicht der,
der ich bin.
Manchmal traue ich mich nicht,
das zu sagen, was ich denke.
Ich traue mich nicht,
so zu sein, wie ich bin.

Es gibt Situationen,
da verstelle ich mich:
Ich lächle, obwohl mir überhaupt nicht danach zumute ist.

Warum verhalte ich mich anders,
als ich es eigentlich will?

Sich selber neu sehen lernen

Was ist dir durch das Legen der Münzen klar geworden? Wenn du willst, kannst du das zwischen den Münzen festhalten. – Gestalte das AB mit Münzen für Personen aus deinem Umfeld!

B3

Sich selber neu sehen lernen

Jenny erzählt: „Zwischen Daniel und mir hat es tatsächlich wieder so richtig gekracht. Zunächst fanden es die anderen ganz unterhaltsam. Diesmal spitzte sich unser Streit aber zu. Ich hatte es endgültig satt, mich von diesem Kerl fertigmachen zu lassen. Das Maß war voll. In mir stieg eine solche Wut hoch, dass ich mich wie eine Wilde auf Daniel stürzte und auf ihn einschlug. Ich kannte mich selbst nicht mehr. Zu lange hatte ich mir seine Gemeinheiten gefallen lassen. In mir hatte sich ein Zorn aufgestaut, der jetzt aus mir herausbrach. Ich entwickelte eine Kraft, die ich mir selbst nicht zugetraut hatte. Mir war es gleichgültig, was mit Daniel passierte.

Einigen in unserer Klasse wurde es zu bunt und sie versuchten uns auseinanderzubringen. Ich sah und hörte nichts mehr um mich herum. Ich merkte nicht einmal, dass unsere Lehrerin ins Klassenzimmer gekommen war. Sie packte mich von hinten und zog mich von Daniel weg. „Schluss jetzt!", sagte sie energisch. „Was fällt euch ein? Was ist hier denn eigentlich los?"

Die Klasse redete durcheinander.

„Ruhe! So verstehe ich kein Wort! Ich werde das später in der Pause klären. Jenny, ich sehe dich dann vor dem Lehrerzimmer."

Somit war die Angelegenheit vorerst für unsere Lehrerin, Frau Winter, erledigt. Sie begann mit dem Unterricht. Das gab mir die Möglichkeit, mich allmählich zu beruhigen. Nach der Stunde ging ich mit einem mulmigen Gefühl Richtung Lehrerzimmer.

Was sollte ich sagen? Wie sollte ich ihr erklären, was in mir vorgegangen war?

Was würde Frau Winter sagen?

Vor der Tür des Lehrerzimmers holte ich noch einmal tief Luft, dann klopfte ich an. Frau Winter erwartete mich schon. Sie ging mit mir ins Elternsprechzimmer.

„So, bitte nimm Platz! Hier können wir uns ungestört unterhalten", begann sie. „Du kommst mit Daniel nicht klar. Das ist mir schon länger aufgefallen. Was aber heute passiert ist, das können wir nicht so stehen lassen. Ich möchte, dass du dir deine Schwierigkeiten mit Daniel einmal genau anschaust. Ich will dir dabei helfen. Kannst du dir das vorstellen?"

Ich sah sie erstaunt an.

Frau Winter nahm einen Berg von Münzen, die vor ihr auf dem Tisch lagen. Sie schlug mir vor, meine Probleme mit Hilfe der Münzen genauer zu betrachten. Sie erklärte mir auch, wie das gehen sollte. Ich verlor allmählich meine Angst; ich wurde sogar ein wenig neugierig.

Frau Winter bat mich, die Münzen in Ruhe zu betrachten. „Du kannst sie auch in die Hand nehmen", schlug sie vor. Mir fiel auf, dass es ganz unterschiedliche Stücke waren, große, kleine, alte und neue, die richtig glänzten. Eine hatte sogar ein Loch. Nach einer Weile sagte Frau Winter: „Jenny, such dir mal eine Münze aus, die für dich passen könnte! Vielleicht, weil sie dir gefällt oder dich an etwas von dir selbst erinnert."

Ich wählte eine kleine beschädigte Münze aus und legte sie auf den Tisch: „Die ist genauso, wie ich mich fühle, klein und verbeult." Als ich das sagte, wusste ich, dass ich mich genauso fühle. Frau Winter bat mich dann, eine Münze für Daniel zu suchen. Ich griff ziemlich rasch nach der größten und glänzendsten. So sah ich Daniel: Immer der Größte; alle anderen schienen auf seiner Seite zu sein; er bestimmte.

Dann sollte ich für einige Mitschüler Münzen heraussuchen und im richtigen Abstand zu den anderen legen. Frau Winter ließ mich dabei erzählen, wie ich die anderen Personen sah, was ich über sie dachte. Jetzt sollte ich das entstandene Bild als Ganzes betrachten. Mir fiel auf, dass ich ziemlich weit entfernt von den anderen lag.

Frau Winter forderte mich auf, mich an Sätze und Worte zu erinnern, die zwischen mir und Daniel gefallen waren. Zuerst fand ich es seltsam, die Münzen sprechen zu lassen, aber dann entdeckte ich, dass wir beide immer das gleiche Spiel miteinander gespielt hatten. Daniel provozierte mich mit einer Gemeinheit und ich setzte mein cooles Gesicht auf und zeigte ihm die kalte Schulter. So war das fast immer.

Frau Winter zeigte sich erstaunt: „Mensch, Jenny, das habe ich so überhaupt nicht mitbekommen. Daniel hat dich ja wirklich unglaublich provoziert und tief verletzt. Das darf er nicht. Ich werde mir den Burschen mal vornehmen und Tacheles mit ihm reden. Meinst du, er weiß, was er bei dir angerichtet hat?" Ich zuckte mit den Achseln.

Anschließend legte ich die Münzen so, wie ich es mir eigentlich wünschte. Das Bild veränderte sich: Meine Münze lag bei den anderen; ich wollte dazugehören. Doch wie konnte das auch in der Wirklichkeit gelingen?

Gemeinsam mit Frau Winter überlegte ich.

Es war klar, dass ich mich anders verhalten musste. Ich nahm mir vor, anders auf die Klasse und auf Daniel zuzugehen. Ich wollte nicht darauf warten, dass Daniel mich ansprach. Nein, ich hatte vor, auf ihn zuzugehen, ihm etwas von mir zu erzählen.

Vielleicht würde ich sogar den Vorschlag machen, etwas gemeinsam zu tun oder ihn um Hilfe bei den Matheaufgaben bitten.

Jedenfalls sah ich meine Geschichte mit Daniel jetzt in einem anderen Licht. Vieles wurde mir durch das Spiel mit den Münzen klarer. Vor allem lernte ich mich selber neu sehen. Ich war natürlich aufgeregt. Ob das alles so klappen würde? Nein, es lag kein leichter Weg vor mir. Aber ich hatte neue Hoffnung und neuen Mut geschöpft.

3. Auf der Suche nach Orientierung – Die Zehn Gebote

3.1 Das Leben als Drahtseilakt

Kompetenz

Die Schüler sind sich bewusst, dass es Situationen gibt, in denen Menschen Orientierung und Halt brauchen.

Motivation/Themenfindung

- L legt Bild **(B1)** als Folie auf.
  Sch beschreiben.
- L: „Stelle dir vor, du bist dieser Mann. Gehe in Gedanken über das Seil!"
- Sch finden Thema, z.B. Leben als Drahtseilakt.
- L: „Zu diesem Bild möchte ich euch eine Geschichte erzählen."

Begegnung / Erarbeitung

- L erzählt die Geschichte „Max und seine ‚Freunde'" **(B2)**.
- L: „Fühlt euch in Max ein! Überlegt, was er tun könnte!"

Vertiefung

- L: „Das Bild hat oben eine Lichtquelle. Was könnte sie bedeuten?"
- L legt Gebet **(B3)** als Folie auf.
  Sch lesen es und halten einen Augenblick Stille.
- L: „Das Gebet kann dem Mann auf dem Seil eine Hilfe sein. Überlegt!"

Transfer

- L: „... da wusste ich nicht, was ich machen sollte. Überlege, wann es dir zum letzten Mal so erging!"
- L: „Was gibt dir in solchen Situationen Halt und Sicherheit?"
- L legt das **AB** als Folie auf.
- L notiert Sch-Äußerungen in die Zwischenräume des Geländers und der Stützbalken auf dem Folienbild.

Sicherung / Hausaufgabe

- Sch übertragen die Ergebnisse von der Folie auf ihr **AB**.
- L: „Übertragt in den Bereich des hellen Lichts einige Zeilen des Gebetes."

B2

Max und seine „Freunde"

„Du bist heute so still!", meint Vater am Mittagstisch. Max murmelt etwas Unverständliches. Nach dem Essen verzieht er sich rasch in sein Zimmer. Er will allein sein. Deutlich stehen ihm seine Erlebnisse vor Augen. Vor 14 Tagen war er in die neue Schule gekommen. Mit drei Kameraden hat er sich gleich gut verstanden. Ausgerechnet diese drei, Joe, Fritz und Chris, hatten ihm eine tolle Sache erzählt: „Stell dir vor, in der CD-Abteilung des Kaufhauses hat sich jeder von uns neulich eine CD unter den Nagel gerissen! Es war ganz leicht: Wir haben die Verkäuferin durch Fragen nacheinander abgelenkt – dann ein Griff ... Heut versuchen wir es wieder. Du kannst mitkommen. Du bist ja wohl kein Feigling, sondern unser Freund!"
Aber Max war der Entscheidung ausgewichen: „Heute kann ich nicht, vielleicht das nächste Mal." Max weiß genau: Bald fangen seine Freunde wieder mit der Sache an und er muss ihnen eine klare Antwort geben. – Er überlegt sich, was er tun könnte. Vieles geht ihm durch den Kopf ...

B1

Hans Werner Sahm:
Übergang

B3

„Wo ich gehe – Du
wo ich stehe – Du
Nur Du, wieder Du, immer Du
Du, Du, Du!
Ergeht's mir gut, – Du!
Wenn's mir wehtut! – Du!
Nur Du, wieder Du, immer Du!
Du, Du, Du!
Himmel – Du, Erde – Du
Oben – Du, unten – Du
Wohin ich mich wende, an jedem Ende
Nur Du, wieder Du, immer Du!
Du, Du, Du!"

Das Leben als Drahtseilakt

Was gibt mir Halt und Sicherheit? – Was macht mir Mut? – Wonach richte ich mich?

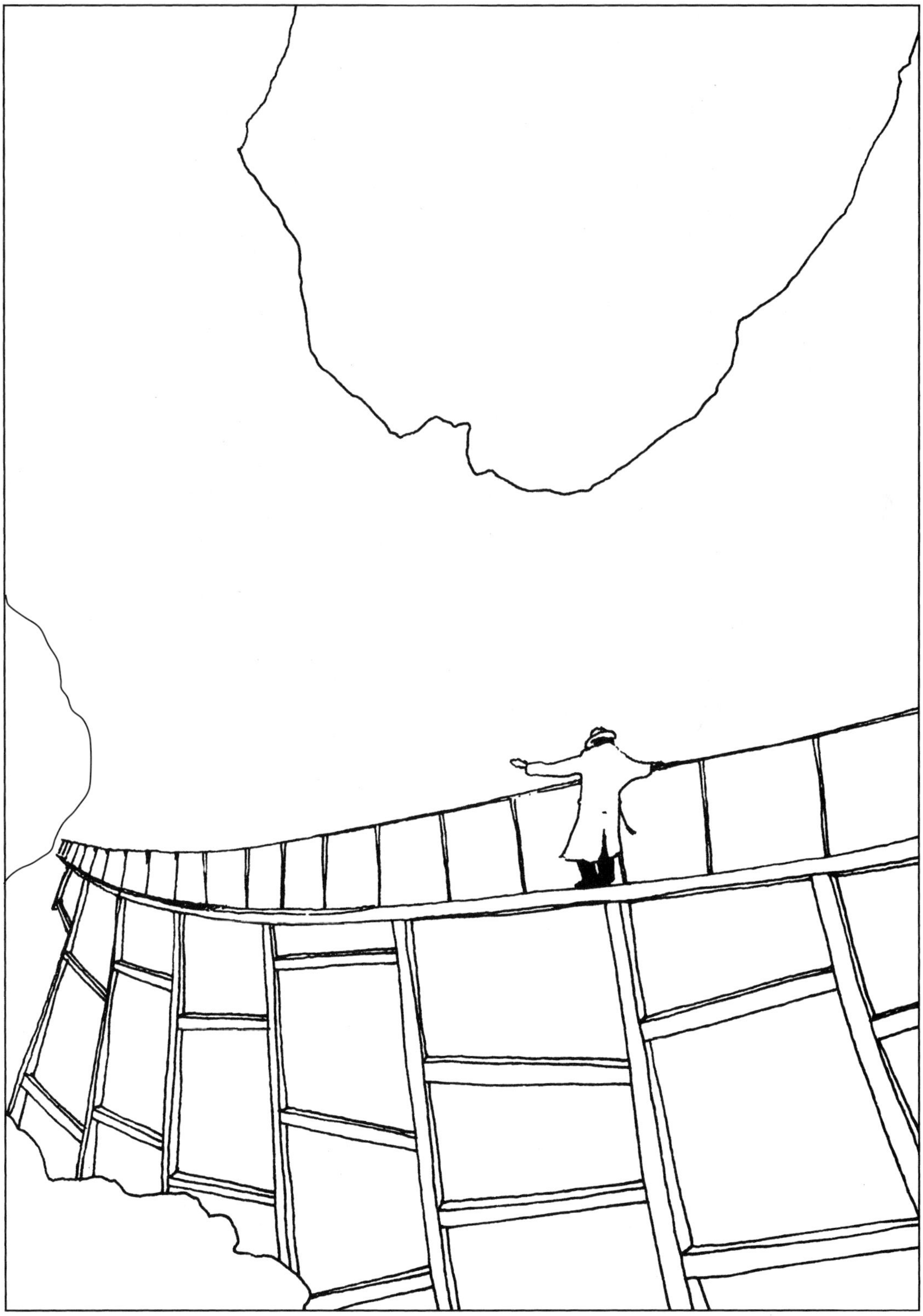

Schreibe in die Zwischenräume des Geländers und der Stützbalken, was Halt und Sicherheit geben oder Mut machen kann. Im Bereich des hellen Lichts ist Platz für einige Zeilen des Gebetes.

3.2 Gott gibt seinem Volk die „Zehn Gebote"

Kompetenz

Die Schüler kennen Grundinformationen über den biblischen Ursprung der „Zehn Gebote".

Vorbereitung

L hält dickes Seil bereit (evtl. Sportlehrer fragen).

Motivation

- L legt ein dickes Seil auf den Boden.
  L: „Wer versucht einmal darüber zu laufen, ohne den Boden zu berühren?"
  Mehrere Sch probieren es.
- L: „Überlegt, was man bräuchte, um sicher über dieses Seil gehen zu können."
  (Sch: Halt, Geländer)

Begegnung

- L: „Zu allen Zeiten suchten Menschen Halt, um von ihrem Lebensweg nicht abzukommen."
  L schreibt als stummen Impuls die Zahlen 1–10 untereinander an TA **(B1)**.
  (Sch vermuten: Zehn Gebote.)
- L: „Einige Gebote kennt ihr."
  L notiert die Sch-Antworten zur entsprechenden Zahl. Offene „Gebote" bleiben offen.
- L: „Die Bibel erzählt von den Zehn Geboten im Buch Exodus."
  Sch lesen Textblatt **(B2)**.

Erarbeitung

- L legt die Zehn Gebote **(B3)** als Folie auf.
- L: „Im Exodustext (Ex 20,1-21) sind die Zehn Gebote nicht durchnummeriert. Versucht sie im Text zu entdecken und unterstreicht sie!"
- L: „Vor dem ersten Gebot steht ein Satz („Ich bin Jahwe, dein Gott, der dich …").
  Dieser Satz ist von grundlegender Bedeutung. Sucht ihn heraus und versucht ihn zu erklären!"
  (Erwartung: Zuerst hilft Gott, dann stellt er Forderungen.)

Vertiefung

- L fasst einige Hintergrundinformationen **(B4)** zusammen.

Sicherung/Hausaufgabe

- L: „Übertragt die Zehn Gebote als Kalligrafie in euer Heft oder auf ein **AB**. Ihr könnt **B3** als Vorlage benutzen."
- L: „Lernt die Zehn Gebote bis zur nächsten Stunde auswendig!"

B1

1.
2.
3.
4.
5.
6.
7.
8.
9.
10.

B3

Hintergrundinformationen zum Dekalog

B4

Die moderne Forschung geht davon aus, dass die Zehn Gebote im Volk Israel lange Zeit von Generation zu Generation mündlich weitererzählt wurden. Im 8. oder 7. Jahrhundert vor Christus schließlich hielt man sie schriftlich fest. Aus dieser Zeit stammt Ex 20,1-21.
Damals lebten die Israeliten nicht mehr in der Wüste, sondern waren inzwischen im Land Palästina sesshaft geworden. Im Text erkennt man das daran, dass einige Gebote, z. B. „Du sollst nicht nach dem Haus deines Nächsten verlangen. Du sollst nicht nach der Frau deines Nächsten verlangen, nach seinem Sklaven oder seiner Sklavin, seinem Rind oder seinem Esel oder nach irgendetwas, das deinem Nächsten gehört." besser in ein bäuerliches und handwerkliches Milieu des Kulturlandes passen als in eine Wüstensituation. Dennoch reichen die Wurzeln des Dekalogs in die nomadische Frühzeit zurück. Wie sie ursprünglich lauteten, wissen wir nicht.
Die Wissenschaftler nennen die Zusammenfassung der Zehn Gebote „Dekalog" (griechisch: deka = zehn und logoi = Worte). Um die Zehn Gebote richtig zu verstehen, ist es wichtig, die damalige Situation des Volkes Israel zu beachten: Die Israeliten sind noch ganz erfüllt von der Befreiung aus Ägypten. Sie fühlen sich „wie auf Adlersflügeln" getragen. Als Zeichen der besonderen Verbindung zu seinem Volk übergibt Gott durch Mose dem Volk die Zehn Gebote. Sie sind daher nicht als Verbote oder Einschränkung gedacht, sondern wollen der neu gewonnenen Freiheit eine Form geben. Aus diesem Grund werden die Zehn Gebote besser mit „Weisungen" übersetzt, die Hilfe zum Leben geben wollen.

Der Dekalog ist der einzige Text in der Bibel, in dem Gott direkt und unmittelbar zum ganzen Volk spricht. Das zeigt seine besondere Bedeutung. Die Wichtigkeit der Zehn Gebote kann man auch daran erkennen, dass sie noch ein zweites Mal in der Bibel zu finden sind, nämlich im Buch Dtn 5,6-21.

Die Israeliten sind nicht das erste Volk, das für sich eine Sammlung von Geboten aufgeschrieben hat. Die biblischen Schriftsteller greifen hier alte Vorbilder auf. Berühmtheit erlangte die Gesetzessäule Hammurabis von Babylon (ca. 1792–1730 v. Chr.). Er ließ eine lange Sammlung von Geboten auf eine Säule einmeißeln.

Seit Augustinus (354 – 430 n. Chr.) werden die Zehn Gebote auf zwei Tafeln verteilt. Die erste Tafel enthält die ersten drei, die zweite Tafel die weiteren sieben Gebote. Augustinus greift dabei auf eine Bibelstelle zurück, nach der Mose auf Befehl Jahwes (Ex 32,15f.) die Gebote auf steinerne Tafeln geschrieben hat.

Gott gibt seinem Volk die „Zehn Gebote"

Die Bibel erzählt davon im Buch Exodus 19f.:
Im dritten Monat nach dem Auszug der Israeliten aus Ägypten kamen sie in der Wüste am Berg Sinai an. Sie schlugen gegenüber dem Berg ihr Lager auf und Mose stieg auf den Berg, wo ihm Gott erscheinen sollte. Und er hörte Gott vom Berg her zu ihm reden:

„Das sollst du dem Haus Jakob sagen und den Israeliten verkünden: Ihr habt gesehen, was ich den Ägyptern angetan habe, wie ich euch auf Adlerflügeln getragen und hierher zu mir gebracht habe. Jetzt aber, wenn ihr auf meine Stimme hört und meinen Bund haltet, werdet ihr unter allen Völkern mein besonderes Eigentum sein. Mir gehört die ganze Erde, ihr aber sollt mir als ein Reich von Priestern und als ein heiliges Volk gehören. Das sind die Worte, die du den Israeliten mitteilen sollst."

Mose ging und rief die Ältesten des Volkes zusammen. Er legte ihnen alles vor, was der Herr ihm aufgetragen hatte. Das ganze Volk antwortete einstimmig und erklärte: „Alles, was der Herr gesagt hat, wollen wir tun."

Mose überbrachte dem Herrn die Antwort des Volkes. Der Herr sprach zu Mose:

„Ich werde zu dir in einer dichten Wolke kommen; das Volk soll es hören, wenn ich mit dir rede, damit sie auch an dich immer glauben. Geh zum Volk! Ordne an, dass sie sich heute und morgen heilig halten und ihre Kleider waschen. Sie sollen sich für den dritten Tag bereithalten. Am dritten Tag nämlich wird der Herr vor den Augen des ganzen Volkes auf den Berg Sinai herabsteigen."

Mose stieg vom Berg und berichtete dem Volk, was Gott zu ihm gesagt hatte.
Am dritten Tag, im Morgengrauen, begann es zu donnern und zu blitzen. Schwere Wolken lagen über dem Berg und gewaltiger Hörnerschall erklang. Das ganze Volk im Lager begann zu zittern. Mose führte es aus dem Lager hinaus Gott entgegen. Unten am Berg blieben sie stehen. Der ganze Sinai war in Rauch gehüllt, denn der Herr war im Feuer auf ihn herabgestiegen. Der Rauch stieg vom Berg auf wie Rauch aus einem Schmelzofen. Der ganze Berg bebte gewaltig und der Hörnerschall wurde immer lauter.
Dann sprach Gott alle diese Worte:

„Ich bin Jahwe, dein Gott, der dich aus Ägypten geführt hat, aus dem Sklavenhaus.
Du sollst neben mir keine anderen Götter haben.
Du sollst dir kein Gottesbild machen und keine Darstellung von irgendetwas am Himmel droben, auf der Erde unten oder im Wasser unter der Erde.
Du sollst dich nicht vor anderen Göttern niederwerfen und dich nicht verpflichten, ihnen zu dienen. Denn ich, der Herr, dein Gott, bin ein eifersüchtiger Gott: Bei denen, die mir Feind sind, verfolge ich die Schuld der Väter an den Söhnen, an der dritten und vierten Generation; bei denen, die mich lieben und auf meine Gebote achten, erweise ich Tausenden meine Huld.
Du sollst den Namen des Herrn, deines Gottes, nicht missbrauchen; denn der Herr lässt den nicht ungestraft, der seinen Namen missbraucht.
Gedenke des Sabbats: Halte ihn heilig! Sechs Tage darfst du schaffen und jede Arbeit tun.
Der siebte Tag ist ein Ruhetag, dem Herrn, deinem Gott, geweiht. An ihm darfst du keine Arbeit tun: du, dein Sohn und deine Tochter, dein Sklave und deine Sklavin, dein Vieh und der Fremde, der in deinen Stadtbereichen Wohnrecht hat. Denn in sechs Tagen hat der Herr Himmel, Erde und Meer gemacht und alles, was dazugehört; am siebten Tag ruhte er. Darum hat der Herr den Sabbattag gesegnet und ihn für heilig erklärt.
Ehre deinen Vater und deine Mutter, damit du lange lebst in dem Land, das der Herr, dein Gott, dir gibt.
Du sollst nicht morden.
Du sollst nicht die Ehe brechen.
Du sollst nicht stehlen.
Du sollst nicht falsch gegen deinen Nächsten aussagen.
Du sollst nicht nach dem Haus deines Nächsten verlangen. Du sollst nicht nach der Frau deines Nächsten verlangen, nach seinem Sklaven oder seiner Sklavin, seinem Rind oder seinem Esel oder nach irgendetwas, das deinem Nächsten gehört.
(Ex 20,1-21)

B2

3.3 Das Erste Gebot

Kompetenz

Die ursprüngliche und heutige Bedeutung des Ersten Gebotes kennen.

Hausaufgabe

- Sch werfen sich einen Ball zu und nennen eines der Zehn Gebote (in der richtigen Reihenfolge).

Motivation/Themenfindung

- L hängt Karton mit dem 1. Gebot **(B1)** an die TA.
  Sch lesen und bringen Vorwissen ein:
  Das Gebot bedeutet …
  Das Gebot ist wichtig, weil …

Begegnung

- L: „Was es mit diesem Gebot auf sich hat, erfährst du auf dem folgenden Infoblatt." (Siehe **B2**)
  Sch lesen.

Erarbeitung

- L: „Welche religiösen Vorstellungen hatten die Nachbarvölker Israels?"
- L: „Was war das Besondere am Glauben des Volkes Israel?"
- L: „Überlege, warum das Volk Israel Gott als den einzigen Gott verehren soll!"

Transfer

- L: „Götterbilder und Götterstatuen gibt es bei uns heute kaum noch. Man könnte daher das ‚Erste Gebot' für überflüssig halten. Überlegt!"
  Sch nehmen Stellung.
- L: „Es gibt bei uns noch andere ‚Ersatzgötter'."
  (Sch zählen auf: z.B. Fernsehen, Auto, Erfolg, Haus, …)
- L verteilt die von den Sch genannten Ersatzgötter und je eine kleine Folie **(B3)** arbeitsteilig auf verschiedene Gruppen.
  - L: „Malt euren Ersatzgott auf die Folie!"
  - L: „Wie/Wo zeigt sich dieser Ersatzgott bei uns?"
  - L: „Wie sollten Menschen mit diesem Ersatzgott umgehen?"
- Sch legen ihre Folien auf und tragen ihre Ergebnisse vor. L hält Ergebnisse an TA oder auf Folie fest.

Sicherung/Hausaufgabe

- L: „Menschen, die Gott in die Mitte ihres Lebens stellen, brauchen keine Ersatzgötter. Übertragt die Skizzen von den Folien auf das **AB**.

Themenbereichscollage

- Der Karton mit dem 1. Gebot **(B1)** auf einem großen Poster oder an einer Pinnwand kann der Beginn einer Themenbereichscollage sein, die in den folgenden Stunden ergänzt wird.

B1

1. Gebot: Du sollst keine anderen Götter neben mir haben!

B3

Das 1. Gebot:

B2

Du sollst keine anderen Götter neben mir haben.

Das Volk Israel war während seiner langen Geschichte immer eher ein kleines Volk. Es lebte umgeben von mächtigeren Randstaaten, z.B. den Ägyptern, Babyloniern, Assyrern und Kanaanäern. Bei ihnen war es üblich, von ihren Göttern Statuen und Figuren herzustellen. Diese standen an öffentlichen Plätzen und als kleinere Abbildungen auch in den Häusern der Menschen. Man näherte sich diesen Gottesbildern in ehrfürchtiger Haltung, denn man glaubte: Unser Gott ist sichtbar da und beschützt uns. In Umzügen wurden Gottesbilder durch die Straßen und über die Feldwege getragen. Der Segen der Gottheit wurde so sichtbar über Stadt und Land verteilt. Die Menschen taten den Götterstatuen „Gutes", um damit der Gottheit selbst zu huldigen: Die Statuen wurden gewaschen, mit Speisen, Tänzen und Liedern erfreut.
Die Hinwendung zu den Göttern war den Menschen ganz vertraut. Man war überzeugt, dass sie existieren und Macht haben. Deshalb suchten die Menschen sie auf mit ihren Sehnsüchten, Wünschen und Ängsten. Kam es zu Konflikten mit anderen Menschen, zeigte der Ausgang des Konfliktes, wer die stärkeren Götter auf seiner Seite hatte.
Das Besondere des Glaubens des Volkes Israel war, dass das Volk nach vielen Auseinandersetzungen und Irrwegen zum Glauben an den einen Gott fand.

Der Dekalog beginnt mit den Worten: „Ich bin Jahwe, dein Gott, der dich aus Ägypten geführt hat, aus dem Sklavenhaus." – Damit offenbart sich Gott als derjenige, der dem Volk die Freiheit aus der Sklaverei geschenkt hat. Und deshalb verlangt er, dass niemand sonst göttliche Verehrung erhalten darf. Er ist der alleinige Gott für Israel, er beansprucht sein Volk ganz und allezeit: „Du sollst dir kein Gottesbild machen und keine Darstellung von irgendetwas am Himmel droben, auf der Erde unten oder im Wasser unter der Erde."
Ein solches Verbot findet sich nirgends in der Umwelt des alten Israel. Das Besondere dieses Gebots versteht man erst, wenn man den folgenden Vers in der Schöpfungserzählung beachtet: „Gott schuf also den Menschen als sein Abbild; als Abbild Gottes schuf er ihn." (Gen 1,27) Das bedeutet: Nicht durch ein gegossenes, gemaltes oder geschnitztes Bild will Gott sichtbar machen, wer er ist, sondern durch lebendige Menschen. Nichts kann ihn ersetzen oder an seine Stelle treten: nicht die Sonne oder die Sterne, nicht Naturgewalten oder andere Gegenstände.
„Du sollst dich nicht vor anderen Göttern niederwerfen und dich nicht verpflichten, ihnen zu dienen." Gott verbietet den Menschen, sich sogenannten „Ersatzgöttern" auszuliefern.
„Denn ich, der Herr, dein Gott, bin ein eifersüchtiger Gott: Bei denen, die mir Feind sind, verfolge ich die Schuld der Väter an den Söhnen, an der dritten und vierten Generation; bei denen, die mich lieben und auf meine Gebote achten, halte ich Tausenden die Treue."

Diese Sätze betonen den absoluten Anspruch Gottes an den Menschen. Andererseits gilt aber auch: Wer sich an Gott hält, zu dem steht er.

Das Erste Gebot:

Du sollst keine anderen Götter neben mir haben!

Menschen, die Gott in die Mitte ihres Lebens stellen, brauchen keine Ersatzgötter.

Übertragt die Skizzen in die leeren Bilderrahmen!

3.4 Das Vierte Gebot

Kompetenz

Die ursprüngliche und heutige Bedeutung des Vierten Gebotes kennen.

Vorbereitung

L hält zwei DIN-A2 große Kartons bereit.

Motivation/Themenfindung

- L trägt das Gedicht „Die Großmutter" von Monika Schlieter **(B1)** vor.
- L hält einen Augenblick der Stille.
  Sch können sich äußern.
- L blendet das Bild „Die Ausgezeichnete" von Wolfgang Mattheuer ein (siehe http://www.foederales-programm.de/fp_exhibition.php?id=malerddr&search=figur), vgl. auch **B2**.
- Hintergrundinformationen für L **(B4)**
- L legt Gedicht „Die Großmutter" als Folie neben das Bild.
  L: „Unterstreicht im Gedicht die Zeilen, die ihr auf dem Bild entdecken könnt!" (Großmutter, Hände im Schoß, weiße Tischdecke, einsam und allein, Blumen, schweigend, Gesicht ohne Ausdruck, …)
- L hängt Plakat mit dem 4. Gebot **(B3)** an die TA.
- Sch stellen Verbindung zwischen dem Gedicht und dem Bild mit dem 4. Gebot her.

Erarbeitung

- L blendet den letzten Abschnitt des Gedichts noch einmal ein.
  L: „Zwischen dem Enkel und der Großmutter passiert etwas."
  (Sch: Das Kind lächelt, die Großmutter schenkt ihm einen Keks.)
- L: „Was kann die Großmutter den Kindern/Enkeln geben?"
  „Was könnten die Kinder/Enkel der Großmutter geben?"
- L: „Das Verhältnis zwischen (Groß-)Eltern und Kindern ist ein Geben und Nehmen. Schreibt in arbeitsteiliger GA auf Kartons:
  a) Was „gute" (Groß-)Eltern ihren Kindern mitgeben (Denkt dabei nicht nur an materielle Dinge!).
  b) Was „gute" Kinder ihren (Groß-)Eltern zurückgeben."

Auswertung

- Sch stellen die Ergebnisse vor und hängen die Kartons (a) an die linke und die Kartons (b) an die rechte STA.
  Durch das abwechselnde Umhängen in die Mitte der Tafel kann das wechselseitige Geben und Nehmen von Eltern und Kindern veranschaulicht werden.

Transfer

- L: „Ihr habt sicher auch schon Erfahrung mit dem Geben und Nehmen von Großeltern, Eltern und Kindern. Wer mag, kann erzählen."

Sicherung/Hausaufgabe

- L: „Übertragt die Ergebnisse von den Kartons auf das **AB**."

B4

Informationen zu Wolfgang Mattheuers „Die Ausgezeichnete"

Das Gemälde entstand 1973/74 in der ehemaligen DDR. Es strahlt die melancholische Leere eines alten, einsam gewordenen Menschen aus, der die Schattenseiten des Lebens erfahren hat und aus diesem Wissen heraus nicht mit lauter Freude auf die Ehre reagieren kann. Mattheuer zeigt die Realität im Umgang mit alten Menschen im real existierenden Sozialismus der ehemaligen DDR.
Mattheuers Bilder sind vieldeutig. Es ist zum Beispiel nicht klar, ob das Bild ein erfülltes Leben zeigt oder ein gescheitertes. Klar ist nur, dass die verhärmte, ältere Frau, die geistesabwesend-entrückt auf einen Tulpenstrauß niederblickt, allein ist.

B1

Die Großmutter

Du sitzt still
in einer dunklen Ecke,
die Hände müßig im Schoß,
deine Augen
ruhen auf der Geburtstagsgesellschaft
am weiß gedeckten Wohnzimmertisch.

Sie sind alle gekommen,
deine Kinder und Enkel,
haben dir Blumen
und Sekt mitgebracht,
nun sitzen sie um den Tisch,
diskutieren mit lauten Stimmen,
ihr Lachen fliegt zu dir her,
das Licht der Lampe
glänzt golden auf ihren Haaren.

Du sitzt schweigend
in Deiner dunklen Ecke,
hinausgedrängt und allein,
Dein Gesicht ist
faltig, alt
und ohne Ausdruck.
Deine Augen verfolgen
die aufgeregten Gesten
und Bewegungen Deiner Kinder;
Du hast nicht den Mut,
teilzunehmen an ihrer Unterhaltung,
hast Angst,
dass sie deine schleppende,
undeutliche Stimme
nicht verstehen;
Du bist einsam.

Eines Deiner Enkel
lächelt Dir schüchtern zu,
Du lächelst zurück,
schenkst ihm einen Keks,
wartest darauf,
dass Deine Kinder wieder gehen.

Monika Schlieter

B2

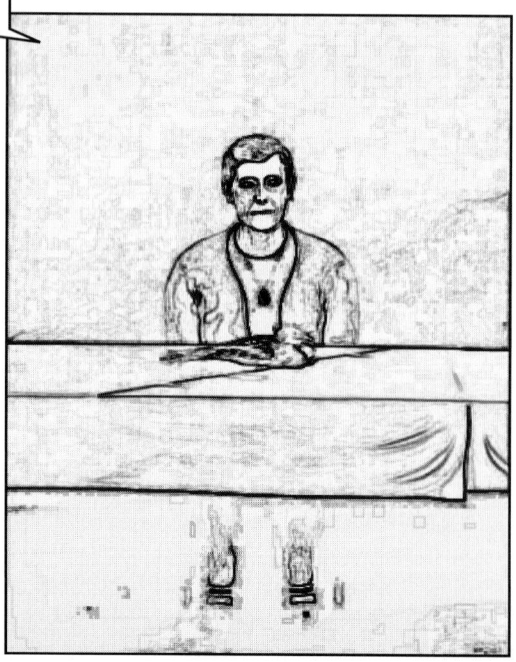

B3

Das 4. Gebot:

Du sollst Vater und Mutter ehren!

Das Vierte Gebot:

Du sollst Vater und Mutter ehren!

Was „gute“ Eltern/Großeltern ihren Kindern mitgeben:	Was „gute“ Kinder ihren Eltern/Großeltern zurückgeben:

3.5 Das Fünfte Gebot

Kompetenz

Die ursprüngliche und heutige Bedeutung des Fünften Gebotes kennen.

Vorbereitung

- CD „Bis zum Himmel hoch“ von Ludwig Hirsch mit dem Song „Abel 82“ besorgen.

Motivation/Themenfindung

- L legt das Bild „Der Brudermord“ **(B1)** von Julius Schnorr von Carolsfeld als Folie auf.
  Sch betrachten das Bild und äußern sich dazu.
- L hängt Plakat mit dem 5. Gebot **(B2)** an die TA.
  Sch stellen Verbindung zum 5. Gebot her.
- L bringt ggf. Infos zur Entstehung des Gebots **(B3)** ein.

Begegnung

- L spielt „Abel 82“ von Ludwig Hirsch auf CD ein bzw. aus dem Internet vor.
- Sch hören den Song und äußern sich spontan dazu.

Erarbeitung

- Sch recherchieren über das Internet den Songtext von „Abel 82“.
  L: „Teilt den Text in Abschnitte ein und findet für jeden Abschnitt eine Überschrift!“
  (Lösung: z.B.
  1: Er soll aufhören
  2: Warum hilft niemand?
  3: Ich kann nicht mehr
  4: Ich möchte, aber ich kann nicht
  5: Gleich bin ich tot)
- L: „In den Nachrichten wird bei Berichten über Gewalttaten oft nur die Zahl der Opfer genannt. Der Song ‚Abel 82‘ lässt den Hörer das Leiden der Opfer nachempfinden. Sucht im Song die Textstellen, bei denen die Gefühle des Opfers deutlich werden!“
- L legt das Bild „Der Brudermord“ **(B1)** noch einmal als Folie auf.
  L: „Überlege, wie man Schläger davon überzeugen kann, dass sie aufhören müssen! Schreibe deine Vorschläge in die Sprechblasen auf Folie!“

Transfer/Gestaltung

- L: „Der Titel des Songs und das Bild erinnern an eine biblische Geschichte.“
- L erzählt/Sch lesen Gen 4,1-16.

Sicherung

- Sch übertragen die Ergebnisse von den Folien auf das **AB**.

B2

Das 5. Gebot:

Du sollst nicht töten!

Informationen zum 5. Gebot

B1

Der Brudermord, Abdruck mit freundlicher Genehmigung aus: Julius Schnorr von Carolsfeld, Die Bibel in Bildern © 1999 SCM Hänssler, D-71088 Holzgerlingen, www.scm-haenssler.de

B3

Dieses Gebot ist zu einer Zeit entstanden, als Blutrache und Selbstjustiz noch weit verbreitet waren. Es bedeutet, dass kein Israelit einen anderen Israeliten ermorden durfte. Wer einen Feind der Israeliten tötete, verstieß nicht gegen dieses Gebot. Gemeint ist mit dem Gebot das absichtliche oder fahrlässige Totschlagen eines freien Mannes durch einen freien Mann. Ein freier Mann konnte über sein Eigentum – und dazu gehörten auch Frauen oder Sklaven oder Kriegsgefangene – jederzeit frei verfügen. Er schadete damit ja höchstens sich selbst. Bei freien Männern wird dieses Wort „töten" auch dann gebraucht, wenn sie den Totschlag oder den Mord durch einen anderen geschehen ließen oder anordneten. In späteren Schriften des Alten Testaments wird der Schutz des Lebens auch auf die Unfreien ausgeweitet. Durch die Botschaft Jesu, besonders in der Bergpredigt, bekam dieses Gebot einen ganz neuen Impuls und wird heute als umfassendes Gebot zum Schutz des Lebens verstanden.

Das 5. Gebot:

Du sollst nicht töten!

Der Brudermor, Abdruck mit feundlicher Genehmigung aus:
Julius Schnoll von Carolsfeld, Die Bibel in Bildern © 1999 SCM Hänssler, D-71088 Holzgerlingen, www.scm-haenssler.de

Überlege, wie man Schläger davon überzeugen kann, dass sie aufhören müssen!
Schreibe deine Vorschläge in die Sprechblasen!

3.6 Das Sechste und Neunte Gebot

Kompetenz

Sich bewusst sein, dass sexuelle Beziehungen ohne liebende Zuwendung und personale Verantwortung der Würde des Partners und der eigenen Person nicht gerecht werden.

Vorbereitung des Sensis-Kartenspiels

- Der Sinn des Sensis-Karten-Spiels besteht darin, dass die Sch über das Thema Liebe, Partnerschaft und Sexualität ins Gespräch kommen. Dazu müssen nicht alle Karten besprochen werden, manchmal reicht eine Karte, um eine Diskussion anzuregen.
- Sensis-Karten **(B4 a-d)** werden kopiert und zerschnitten.
- Grüne JA- und rote NEIN-Karten **(B5)** werden für alle Sch aus farbigem Karton ausgeschnitten.

Motivation/Themenfindung

- L schreibt an TA: Darüber spricht man nicht. Sch äußern sich und vermuten Thema „Sexualität".
- L hängt Plakat mit dem 6. und 9. Gebot **(B1)** an die TA.
- L: „Überlegt, warum es zwei Gebote zum gleichen Thema gibt!"
- L legt Aussage von Jule auf OHP **(B2)**. Die Sch äußern sich.
- L: „Es freut mich, wenn ihr der Meinung seid, dass man über Liebe, Partnerschaft und Sexualität offen reden sollte. Dieses Reden können wir in einem Spiel ausprobieren."

Sensis-Kartenspiel

- Sensis-Kartenspiel:
  - Jeder Sch erhält eine grüne „JA"- und eine rote „NEIN"-Karte.
  - Die Spielregeln werden besprochen, siehe auch OHP-Vorlage (B3).
  - Ein Sch zieht aus dem Kartenstapel (B4 a-d) eine Karte und liest sie laut vor.
  - Dann nimmt er/sie dazu Stellung.
  - Die anderen Sch stimmen über diese Meinung ab: Grüne Karte bedeutet „Zustimmung", rote Karte bedeutet „andere Meinung". Keine Karte heben bedeutet „Enthaltung/keine Meinung".
  - Nach der Abstimmung können die Sch ihre Meinungen kurz begründen.
  - Dann wird die nächste Karte gezogen.

B1

Das 6. Gebot

Du sollst nicht die Ehe brechen!

Das 9. Gebot

Du sollst nicht begehren deines Nächsten Frau!

B2

„Das Thema Sexualität gehört zu den Tabuthemen. Darüber spricht Mann/Frau nicht, höchstens in unanständigen Witzen. Ich weiß auch nicht, wie und mit wem ich darüber sprechen soll. Keine/r hat es mir erklärt. Aber warum kann man darüber nicht offen sprechen? Sexualität ist doch etwas ganz Natürliches."

Jule, 14 Jahre

B3

Sensis-Kartenspiel – Spielregeln

1. Eine/r zieht eine Karte aus dem Stapel und liest sie laut vor.

2. Er/Sie nimmt Stellung dazu. Alle hören ruhig zu.

3. Anschließend stimmen alle ab.
   Die grüne Karte bedeutet Zustimmung,
   die rote Karte bedeutet andere Meinung.
   Keine Karte heben, bedeutet Enthaltung/keine Meinung.

4. Nach der Abstimmung kann noch kurz weiterdiskutiert werden.

5. Dann wird die nächste Karte gezogen.

B5

Ja

Nein

Sensis-Karten

B4a

Wie merkt man, ob es der andere ernst meint?

Ab wann ist man untreu?

Wie soll sich der Mann/die Frau verhalten, wenn der Partner fremdgeht?

Es sollten sich beide Partner um die Verhütung kümmern.

Sind viele sexuelle Erfahrungen bei Frauen problematischer als bei Männern?

Wie wirkt sich eine sexuelle Beziehung auf Eltern, Schule und Freunde aus?

Zu einer festen Freundschaft gehört es dazu, dass man miteinander schläft.

Zu einer Partnerschaft gehört unbedingt die Treue.

B4b

Für mich ist es schöner, „solo“ zu sein, als eine/n feste/n Freund/in zu haben.

Das Einzige, woran Mädchen interessiert sind, sind Jungen und Sex.

Kann man auch ohne Sex einen festen Freund/eine feste Freundin haben?

Woran scheitern Beziehungen?

Warum werden Homosexuelle immer so fertiggemacht?

Warum denken eigentlich die meisten Jungs immer nur an das „Eine“?

Wenn die Frau die Pille nimmt, braucht der Mann sich keine Gedanken mehr zu machen.

Sex ist nur mit jemandem schön, den man liebt.

B4c

Sollte man mit verschiedenen Partnern schlafen, um Erfahrungen zu sammeln?

Was soll man tun, wenn das Mädchen ungewollt schwanger wird?

Ich könnte mit niemandem zusammen sein, der keine Kinder möchte.

Mir ist das Äußere an meinem Partner/ meiner Partnerin wichtig.

Jungen, die sich umarmen oder küssen, sind schwul.

Was soll ich tun, wenn der Andere Schluss macht, ich aber noch an ihm hänge?

Spätestens mit 16 Jahren sollte man mit einem Jungen/Mädchen geschlafen haben.

Wenn ich in jemanden verliebt bin und der/ die mich nicht beachtet, ziehe ich mich zurück.

B4d

Jemanden, der/
die Aids hat, darf
man nicht küssen.

Eltern haben nie
Vertrauen.

Braucht man Sex in
einer Beziehung?

Ist in einer Beziehung
alles erlaubt, was
Spaß macht?

Selbstbefriedigung
ist ganz normal.

Wie wird aus
Freundschaft Liebe?

In der Sexualität ver-
steht man sich automa-
tisch. Darüber braucht
man nicht zu reden.

3.7 Das Siebte und Zehnte Gebot

Kompetenz

Die S lernen die ursprüngliche und heutige Bedeutung des Siebten und Zehnten Gebotes kennen.

Motivation/Themenfindung

- L legt Folie mit Schlagzeilen aus der Tageszeitung **(B1)** auf OHP.
  Sch nehmen dazu Stellung.
- L hängt Plakat mit dem 7. und 10. Gebot **(B2)** an TA.
- Sch überlegen, welche Verbindung zwischen den Schlagzeilen und den beiden Geboten bestehen könnte.

Begegnung

- L: „Das 7. und 10. Gebot hat bis heute nichts von seiner Aktualität verloren. Diebstahl ist das häufigste Vermögensdelikt."
- Sch lesen Textblatt **(B3)**.

Erarbeitung

- L: „Diebstahl gibt es in vielen Formen. Erstellt eine Liste!"
- L: „Bildet Gruppen und wählt euch ein Beispiel aus. Stellt es in einem Rollenspiel dar, indem ihr Eigentümer und Täter aufeinandertreffen lasst!"

Vertiefung

- L: „Überlegt, ob die beiden Karikaturen **(B4)** etwas mit den beiden Geboten zu tun haben!"

Gestaltung

- L: „Entwerft Plakate zum Thema ‚Das Eigentum anderer achten'!"

B1

Jugendliche Sprayer verursachen RIESENSCHADEN!

14-jähriger Schüler liefert Geldbörse beim Fundbüro ab

Fahrgäste protestieren gegen Schmierereien in der U-Bahn

13-Jährige beim Diebstahl erwischt!

B2

Das 7. Gebot

Du sollst nicht stehlen!

Das 10. Gebot

Du sollst nicht begehren deines Nächsten Hab und Gut!

Das 7. und 10. Gebot

Das siebte und zehnte Gebot schützt das Eigentum, das Menschen brauchen, um sich frei entfalten zu können. Diebstahl und Raub, Unterdrückung und Versklavung sind in der Bibel Verstöße gegen den Mitmenschen, der Anspruch darauf hat, dass sein Eigentum anerkannt und geachtet wird.
Durch Diebstahl wird das Eigentumsrecht des Bestohlenen und zugleich der allgemeine Rechtsfrieden verletzt. Deswegen wurde der Diebstahl in früheren Zeiten mit heute kaum mehr begreiflicher Härte, teilweise sogar mit dem Tod bestraft.
Heute denkt man beim Eigentum nur an „Gegenstände". Früher gehörten auch Menschen, z.B. Frauen und Sklaven dazu. In manchen Ländern der Welt ist das leider noch immer so.
Das siebte und zehnte Gebot hat bis heute nichts von seiner Aktualität verloren. Diebstahl ist das häufigste Vermögensdelikt. Wie aus einer Studie eines Handelsverbandes hervorgeht, verschwanden im Jahr 2003 Waren im Wert von rund viereinhalb Milliarden Euro aus den Läden, ohne bezahlt zu werden. Bei mehr als der Hälfte der Diebe handelte es sich um Jugendliche, die vor allem Waren aus der PC- und Musik-, Kosmetik- oder Bekleidungsbranche entwendeten. Noch größer als der Verlust durch fremde Diebe war allerdings der Schaden, der durch Diebstähle von eigenen Mitarbeitern verursacht wurde.

Es gibt aber noch zahlreiche andere Formen von „Diebstahl", z.B.

- die Entwendung von Werkzeugen am Arbeitsplatz,
- das teure private Telefonieren oder Internetsurfen auf Betriebs- oder Staatskosten,
- Fundsachen zu behalten,
- öffentliche Einrichtungen zu beschädigen,
- falsche Angaben bei der Steuererklärung,
- das Schwarzfahren mit öffentlichen Verkehrsmitteln,
- verschiedene Formen der Wirtschaftskriminalität
- Mietwucher.

Ist das nicht auch Diebstahl?

Die beiden Gebote wenden sich aber nicht nur an den einzelnen Menschen, sondern auch an Firmen, Konzerne, Staaten und die Weltgemeinschaft. Den Industrienationen wird vorgeworfen, dass sie weniger entwickelte Länder ausbeuten, z.B. wenn sie für Rohstoffe viel zu niedrige Preise zahlen.

Viele europäische Handelshäuser lassen unter miserablen Bedingungen für die Arbeiterinnen in fernen Ländern produzieren, wo es keinerlei Arbeitsrecht gibt. Hier sind besonders die großen Hersteller für Sportartikel zu nennen. Sportler können, weil die Herstellung der Artikel so billig ist, für Millionenbeträge unter Vertrag genommen werden, um für die Firmen zu werben. Die Firma Nike hat im Jahr 1999 für den US-Basketballstar Michael Jordan ebenso viel ausgegeben wie für ihre 30.000 Beschäftigten in Indonesien.

3.8 Das Achte Gebot

Kompetenz

Die ursprüngliche und heutige Bedeutung des Achten Gebotes kennen.

Vorbereitung

L lässt die Geschichte „Ihr Mann ist doch ein Mörder" einsprechen.

Motivation

- L hängt Wortkarte „Hier wohnt der Doppelmörder P." **(B1)** an TA.
  Sch stellen Vermutungen an.

Begegnung/Themenfindung

- L spielt Text „Ihr Mann ist doch ein Mörder" **(B2)** ein oder liest Text vor.
- L hängt Plakat mit dem 8. Gebot **(B3)** an die TA.
  Sch stellen Verbindung zwischen dem Text und dem Achten Gebot her.

Erarbeitung

- L: „Welche Personen beschuldigen den Mann?"
- L: „Die falschen Beschuldigungen haben schlimme Konsequenzen für die Familie. Findet sie heraus!"
- L: „Wie kommt die Unschuld des Mannes zu Tage?"
- L: „Wie könnte das, was die Nachbarn angestellt haben, wieder gut gemacht werden? Sammelt Vorschläge!"

Vertiefung

- L erzählt die Geschichte „Verweht" **(B4)**.
- L: „Überprüft nun noch einmal eure Vorschläge, was die Nachbarn zur Wiedergutmachung tun können!"
- L: „Wahrheit kann auch vernichtend sein. Das Achte Gebot erlaubt nicht, alles weiterzusagen, was man über andere weiß. Denn manche „Wahrheit" kann die Ehre des anderen zerstören. Sucht Beispiele, wo es nicht richtig ist, die ganze Wahrheit zu sagen!"

Abschluss

- Lied: „Tut mir leid" **(B5)**

B1

Hier wohnt der Doppelmörder P.

B3

Das 8. Gebot:

Du sollst nicht falsch gegen deinen Nächsten aussagen!

Ihr Mann ist doch ein Mörder

B2

Der erste Telefonanruf kam nachts gegen zwei Uhr. Eine Frauenstimme sagte: „Na. Wie schläft sich's denn neben einem Mörder?" Dann machte es „Klick".

Im Dunkeln begann ihr Puls zu rasen. Sie erinnerte sich an zwei Ereignisse: In der vergangenen Woche hatten die Zeitungen von einem Amokfahrer berichtet, der eine Mutter mit ihrer Tochter auf einem Zebrastreifen überfahren und sich dann in wilder Flucht der Verantwortung entzogen hatte. Der Fahrer war bis heute nicht ermittelt worden. Am gleichen Abend war ihr Mann spät nach Hause gekommen und hatte ihr von einem kleinen Auffahrunfall erzählt. Am Tag darauf hatte er den Wagen in die Werkstatt gebracht und nicht mehr von dem Vorfall gesprochen. Am Morgen nach dem anonymen Telefonanruf kam ein Brief an ihren Mann. Sie öffnete ihn. Er enthielt nur zwei Zeilen und war nicht unterschrieben. „Gut geschlafen, du Mörder? Warte, dich erwischen wir schon!" Später, im Einkaufszentrum des Viertels, merkte sie sofort, dass etwas nicht stimmte. Nachbarn und Bekannte gingen ihr aus dem Weg. Kurz nach zehn war sie wieder vor ihrem Haus. Schon von Weitem hatte sie eine Art Plakat an ihrer Haustür entdeckt: „Hier wohnt der Doppelmörder P. – aber nicht mehr lange! Deine Nachbarn." Drinnen ließ sie ihre Einkaufstasche fallen und sank mit schwimmenden Augen auf der Couch im Wohnzimmer zusammen. Wenn das womöglich wahr ist, dachte sie schaudernd. Dann war alles zu Ende! Und was wohl ihr Sohn sagen würde? Sie beschloss, noch am gleichen Abend mit ihrem Mann offen zu reden. Sie hatte kaum von seinem Unfall zu sprechen begonnen, als er auch schon explodierte. „Meine eigene Frau, meine Frau hält mich also für fähig, Fahrerflucht zu begehen! Für einen Mörder!" Er lachte bitter auf, sah sie hasserfüllt an, riss die Tür auf, knallte sie hinter sich zu, dass das Haus dröhnte, und war weg. Erst gegen Morgen kam er betrunken nach Hause. Von diesem Tag an lebten sie wie Fremde nebeneinander her. Dass nun Nacht für Nacht die schrecklichen Anrufe kamen, dass sie fast jeden Morgen anonyme Drohbriefe im Briefkasten fanden, brachte sie einander nicht näher. Am furchtbarsten für die gepeinigte Frau jedoch war, mit ansehen zu müssen, wie Vater und Sohn sich mehr und mehr wie Feinde begegneten. Eines Tages hatte der Elfjährige seinen Vater rundheraus gefragt, ob es stimmte, was die Nachbarsjungen erzählten, ob er die beiden Frauen wirklich überfahren hätte. In einem Zornesausbruch verlor ihr Mann jedes Maß. Er prügelte das Kind, bis die Mutter den Jungen seinem rasenden Vater entreißen und ihn im Schlafzimmer in Sicherheit bringen konnte. An einem Montagmorgen, drei Wochen nach dem nächtlichen ersten anonymen Anruf, kam die Polizei. Frau P. war beinahe erleichtert, als sie die beiden Beamten hereinbat. Sie waren außerordentlich höflich und entschuldigten sich mehrmals, dass sie einer anonymen Anzeige überhaupt nachzugehen gezwungen seien. Wie hinter einem Nebelschleier sah die Frau, wie der ältere Beamte ihren Mann aus dem Bad holte, ihn höflich bat, sich anzuziehen, mit ihm ins Schlafzimmer ging, mit ihm wieder herauskam. Ihr Mann war blass, beantwortete aber alle Fragen geradeheraus und ohne zu zögern. Nein, auf der Bundesstraße sei er an dem fraglichen Abend nicht gefahren. Jawohl, er habe einen Auffahrunfall gehabt. Jawohl, Adresse und Telefonnummer des anderen habe er. Bitte. Und hier sei die Anschrift seiner Werkstatt. „Gut!", meinte der Beamte. „Darf ich telefonieren?" Nach einer Viertelstunde war der ganze Alptraum zu Ende. Ihr Mann hatte nichts getan, nichts, was die Polizei oder das Gericht interessieren konnte. Nur eins blieb offen, wer steckte hinter diesen Anrufen, den Briefen, dem Nachbargeschwätz? Wer hatte ihre ganze Familie an den Rand der Verzweiflung gebracht? „Sie können eine Anzeige machen", sagte der ältere Polizist, „aber es kommt nichts dabei heraus. Solche Typen sind nie zu fassen. Ziehen Sie hier weg!" Irgendetwas sträubte sich gegen diesen Gedanken. „Wir sollen einfach alles hinnehmen? Sie wissen ja nicht ..." Sie brach ab und begann zu schluchzen. „Nun, nun", sagte der ältere Beamte begütigend, „jetzt sind Sie doch die größte Sorge los: Ihr Mann hat nichts getan." Als die beiden gegangen waren, sah Frau P. ihren Mann an. Er blickte ins Leere. „Jetzt sind Sie die größte Sorge los", hatte der Beamte gesagt. Aber ihre größte Sorge war jetzt eine andere: Nämlich wieder zu kitten, was andere zerbrochen hatten.

Adolf Volbracht

B4

Verweht

In einem Dorf lebte eine Frau, deren böse Zunge durch üble Nachrede und falsche Gerüchte immer wieder Streit und Unfrieden über ihre Mitmenschen brachte.

Als eine Nachbarin sie zur Rede stellte, die sie mit einer besonders gemeinen Lüge verletzt hatte, sagte die Verleumderin: „Ich werde im Dorf bekannt machen, dass es nicht stimmt. Dann ist alles wieder gut."

„Nicht alles", widersprach die Gekränkte, „etwas wird hängen bleiben. Es ist wie mit den Federn."

„Mit was für Federn?"

„Geh nach Hause, hol ein Kopfkissen, komm zu mir zurück und verstreue unterwegs alle Federn!", sagte die Nachbarin.

Da die Frau ein schlechtes Gewissen hatte, kam sie diesem, ihr unverständlichen Befehl nach und war nach kurzer Zeit zurück. „Und was nun?", fragte sie.

„Jetzt sammelst du alle Federn wieder ein."

„Das ist unmöglich! Ich streute sie wahllos aus. Der Wind hat sie längst verweht", wehrte sie sich.

Die Nachbarin sagte: „So ist es auch mit übler Nachrede und bösen Gerüchten. Nie können alle ‚Federn' wieder eingesammelt werden. Nie werden alle Worte vergessen. Etwas bleibt hängen."

„Verweht", (Text zum 4. März)
aus Barbara und Hans Hug (Hrsg.), Blätter, die uns durch das Jahr begleiten
© Kreuz Verlag, Stuttgart 1996

B5

Tut mir leid

2. Wiedermal zu hoch hinaus, / rücksichtslos und agressiv. /
Setzte Ellenbogen ein, / wollte nur der Erste sein. *Refr.:* Tut...
3. Wieder mal zu stark geschminkt, / nur auf äußeres bedacht. /
Eingebildet, schön und leer, / sah auf andere herab. *Refr.:* Tut...

Text und Melodie: Siegfried Staab, Aschaffenburg (Rechte beim Autor)

4. Ausdruck einer tieferen Wirklichkeit: Symbole und Sakramente

4.1. Das bedeutet mir viel

Kompetenz

Vielschichtigen Bedeutungsmöglichkeiten von alltäglichen Dingen auf die Spur kommen.

Motivation/Themenfindung

- L breitet den Inhalt der „Krimskramskiste" **(B1)** auf einem Tuch aus – möglichst im Sitzkreis, sonst auf einem Tisch in der Mitte.
- L: „Wirf einen kurzen Blick auf die Dinge und nimm dir spontan einen Gegenstand, der zu dir passt oder dich an etwas erinnert."
- Sch wählen einen Gegenstand aus und begründen: „Dieser Gegenstand passt zu mir, weil ..." oder: „Dieser Gegenstand erinnert mich an ..." (Rundgespräch)
- Auswertung: L: „Was hat dich überrascht? Was hast du neu über deine Klassenkameraden erfahren?"
- L: „Ihr habt einen Gegenstand genommen, und durch ihn ist euch etwas klar geworden. Ihr habt durch ihn etwas über euch selbst erfahren. Überlegt!" Im LSG wird den Sch bewusst, dass ein kleiner Gegenstand zu einem Symbol werden kann, durch das sie etwas von sich selbst und von anderen erfahren.
- Sch finden das Thema (z.B.: Gegenstände werden zu Symbolen ...).

Begegnung/Erarbeitung

- Sch lesen „Gegenstände, die mir viel bedeuten" **(B2)**.
- L: „Ein Bär, eine CD-Hülle und Inliner sind eigentlich ganz normale Gegenstände. Für Laura, Leonardo und Felix bedeuten sie viel mehr. Beschreibt die Erinnerungen und Gefühle, die sie damit verbinden!"
- Ergebnisse werden notiert (TA/OHP, vgl. **B3**).

Sicherung

- Sch übertragen Ergebnisse von TA/OHP.

Hausaufgabe

- L: „Wenn du nachdenkst, fällt dir sicher auch ein Gegenstand ein, der dir viel bedeutet und für dich persönlich mit vielen Erinnerungen verbunden ist! Bringe ihn zur nächsten Stunde mit und stelle ihn vor!"

B1

KRIMSKRAMSKISTE

Um Jugendliche auf die Spur der Symbole und Sakramente zu führen, ist es wichtig, sie erfahren zu lassen, wie Gegenstände zu Symbolen werden können.

Material: Eine Sammlung kleiner Dinge des Alltags kann dazu dienen. Sie sollte möglichst „belanglose" und einfache Gegenstände enthalten. Ein Griff in Relikte aus Kindertagen, angereichert mit kleinen Dingen aus Urlaub und Haushalt ergibt schnell eine interessante Zusammenstellung.

Vorgehen: Der „Krimskrams" wird auf einem Tuch ausgebreitet, die Schüler werfen einen Blick darauf und entscheiden sich spontan für einen Gegenstand. Reihum bekommt jeder die Gelegenheit, seinen Gegenstand zu zeigen und seine Wahl kurz zu begründen: „Dieser Gegenstand passt zu mir, weil ...", „Dieser Gegenstand erinnert mich an ..."

Ziele: Durch die Übung erfahren Schüler an sich selbst die Fähigkeit, sich in Gegenständen ein Stück weit wiederzufinden. Diese Erfahrung ist von grundlegender Bedeutung für das Verstehen von Symbolen und Sakramenten. Die Schüler nehmen außerdem sich selbst und ihre Altersgenossen tiefer wahr. Daher kann die Übung immer mal wieder eingesetzt werden.

B3

Gegenstände, die mir viel bedeuten, ...

- ❑ erinnern mich an wichtige Ereignisse.
- ❑ können mir Wärme, Sicherheit und Vertrauen für mein Leben geben.
- ❑ lassen Gefühle in mir wach werden.
- ❑ zeigen mir, wer ich bin.
- ❑ machen deutlich, es gibt mehr als nur das, was gerade passiert.

B2

Gegenstände, die mir viel bedeuten

An der Zimmertür von Laura hängt ein Bär. Schön sieht er nicht mehr aus, er ist schon ziemlich alt. Aber er ist wirklich. Er ist im Laufe der Jahre so geworden, wie er heute ist. Wenn so ein Teddybär wirklich ist, dann hat er ein abgenutztes Fell, ja, er sieht fast hässlich aus. Aber dass er hässlich ist, das sagen nur Leute, die keine Ahnung haben. Für Laura ist er der schönste Bär auf der Welt. Ein Bär kann nicht wirklich werden, wenn er schön gehalten werden muss oder leicht zerbrechlich ist. Wirklich ist nicht, wie etwas gemacht ist, wirklich wird etwas in einer langen, langen Zeit. Laura hat mit dem Bären nicht nur gespielt, nein, sie hat ihn wirklich sehr geliebt. Er lag neben ihr, wenn sie allein zu Hause war, sie drückte ihn an sich, wenn sie traurig war. Sie warf ihn in die Luft, wenn sie sich freute. Deshalb ist für sie sein Aussehen nicht wichtig.

In der Schublade von Leonardos Schreibtisch liegt eine Hülle mit einer CD. Eine CD ist nichts Besonderes, doch diese hat eine einzigartige Geschichte: Leonardo hatte einen Brief von seiner Schwester aus Brasilien bekommen, worin sie ihm mitteilte, dass der Vater verstorben war. Im Umschlag entdeckte Leonardo diese CD, ein Lebenszeichen seines Vaters. Es war die letzte Musik, die sein Vater kurz vor seinem Tod gehört hatte. Leonardos Schwester hatte die CD zur Erinnerung mit in den Umschlag gesteckt. Für Leonardo ist diese CD keine gewöhnliche CD mehr. Immer wenn er sie hört, sieht er vor seinem geistigen Auge seinen Vater im Sessel sitzen und Mozarts Violinkonzert genießen ... Der Vater ist ihm in diesem Augenblick gegenwärtig.

Kaum hat Felix seine Hausaufgaben erledigt, holt er sie hervor: seine Inlineskater. Sie liegen immer unter seinem Bett, damit sie ganz nah bei ihm sind. Er zieht sie an mit all den übrigen Sachen, die notwendig sind, den Körper vor Verletzungen bei möglichen Stürzen zu schützen.
Und schon geht's los! Er fährt die Straße hinab zur nahe gelegenen Halfpipe. Was für ein tolles Gefühl das ist! So schnell wie der Wind, so frei wie ein Vogel! Kunstvoll springt er Figuren mit ganzen Drehungen, die wie Schrauben aussehen. Er vergisst die Welt um sich und genießt den Augenblick.

4.2 Zeige dich, wie du bist und wofür du stehst!

Kompetenz

Alltägliche Gegenstände als Symbole für das verstehen, was im persönlichen Leben wichtig ist.

Vorbereitung

- Sch bringen Gegenstände mit, die für sie viel bedeuten und die mit persönlichen Erinnerungen verbunden sind.

Motivation

- Sch stellen die mitgebrachten Gegenstände kurz vor. Die Gegenstände werden an TA notiert. Auch der L kann einen Gegenstand vorstellen.

Begegnung

- L lädt zu einer Fantasiereise ein **(B1)**, evtl. mit meditativer Musik.
- Sch erzählen, was sie bei der Fantasiereise erlebt haben.

Erarbeitung

- Sch lesen „Zeige dich, wie du bist und wofür du stehst!“ **(B2)**.
- L: „Man kann seine innere Einstellung auf vielfältige Weise zeigen. Zählt auf!“
- L: „Kennt ihr außer dem Fisch noch andere Symbole, durch die Christen in der Öffentlichkeit erkennbar sind?“
- L: „Wer seine Einstellung nach außen sichtbar macht, erwartet oft auch eine Reaktion. Spielt zu den Beispielen kleine Dialoge, z.B. in Form von Interviews!“
- L: „Die innere Einstellung vor anderen zu bekennen, ist manchmal gar nicht so einfach. Findet Beispiele!“
- L hängt den Spruch von Mary Ward als Plakat an TA/OHP **(B3)**.
  Sch nehmen Stellung.

Sicherung

- **AB** wird verteilt.
  L: „Zeichnet in die Kreise Gegenstände, die ihr mitgebracht habt und die Zeichen dafür sind, wofür ihr steht.“

B3

Zeige dich, wie du bist,
und sei, wie du dich zeigst!
Zeige, wofür du stehst!

(Mary Ward)

Fantasiereise (mit Musik)

Du hast für heute etwas Besonderes mitgebracht: einen Gegenstand, ein Bild, ein Spielzeug usw., das dir ganz wichtig ist. Dafür wollen wir uns jetzt Zeit nehmen.

Du kannst jetzt deine Arme auf den Tisch legen und darauf den Kopf. Schau deinen Gegenstand noch eine Weile an. Die Musik hilft dir, zur Ruhe zu kommen.

Wir wollen uns jetzt auf den Weg machen und an die Stunde denken, als du deinen Gegenstand geschenkt bekommen oder gefunden hast.
Dazu schließt du deine Augen und machst eine kurze oder lange Reise zurück in die Vergangenheit.

– akustisches Signal –

Von Ferne taucht eine Person auf, die auf dich zukommt. Allmählich wird sie deutlicher. Sie bleibt vor dir stehen und schaut dich an.

Was macht sie noch? Umarmt sie dich? Streichelt sie dich?

Du siehst, wie sie dein Geschenk in der Hand hat und es dir übergibt.

Du spürst, dass sie dir mit dem Geschenk etwas sagen will:
„Dieser Gegenstand ist ein Stück von mir. Denke an mich, wenn du diesen Gegenstand in der Hand hältst."

Du freust dich über das Geschenk. Ein Gefühl der Dankbarkeit steigt in dir auf.

Du spürst, wie wichtig es dir ist. Es soll bei dir zu Hause einen besonderen Platz haben.

Es soll dich durch dein Leben begleiten und immer an die Person erinnern, die es dir geschenkt hat.

Dann verabschiedet ihr euch und die Gestalt entfernt sich.

Du bleibst zurück und hältst den Gegenstand in der Hand.

– akustisches Signal –

Langsam kommst du wieder hier im Klassenzimmer an.

Du öffnest die Augen und siehst den Gegenstand vor dir.

Du nimmst ihn in die Hand und freust dich über ihn.

Wenn du dich etwas bewegt und richtig durchgeatmet hast, bist du ganz wach geworden und kannst etwas von deiner Reise erzählen.

Zeige dich, wie du bist und wofür du stehst!

Gegenstände und Zeichen können einen besonderen Stellenwert im persönlichen und im gemeinschaftlichen Leben erhalten.

B2

Elisabeth Birzele

Markus ist absoluter Fan des FC Bayern. Von der Bettwäsche über T-Shirt, Schal und Mütze bis zum Schlüsselanhänger, Zeichenblock, Mäppchen oder Stiften benutzt oder trägt er, was mit dem Emblem seines Vereins verziert ist. Damit zeigt er jedem in seinem Umfeld, dass er sich zu seinem Verein bekennt.

Kathi ist begeistert von einer Musikgruppe. Wenn ihre Lieblinge zu einem Live-Auftritt in die nähere Umgebung kommen, ist sie hin und weg. Dicht an der Bühne stehend, jubelt sie ihren Stars mit vielen tausend anderen Fans zusammen zu. Natürlich stimmt für diesen Abend auch Kathis Outfit. Von Kopf bis Fuß hat sie sich wie ihre Musikgruppe gekleidet. Im Arm schwenkt sie ein Stofftier, das von diesen entworfen wurde und zur Fan-Kollektion gehört. Sie kennt alle Texte der Songs auswendig.

Junge Erwachsene schenken sich manchmal nach dem ersten Jahr ihrer Partnerschaft einen Ring. Ein Ring hat keinen Anfang und kein Ende. Er ist in sich geschlossen und symbolisiert Unendlichkeit. Ringe, geschenkt als Zeichen der Freundschaft, nennt man Freundschaftsringe. Sie sind ein Zeichen der Verbundenheit.

Der Fisch ist eines der ältesten Christussymbole. Schon im 2. Jahrhundert nach Christus benutzte man es als Erkennungszeichen. Das griechische Wort für Fisch ICHTHYS, in seine einzelnen Buchstaben zerlegt, bedeutet nämlich Jesus Christus, Gottes Sohn und Retter.

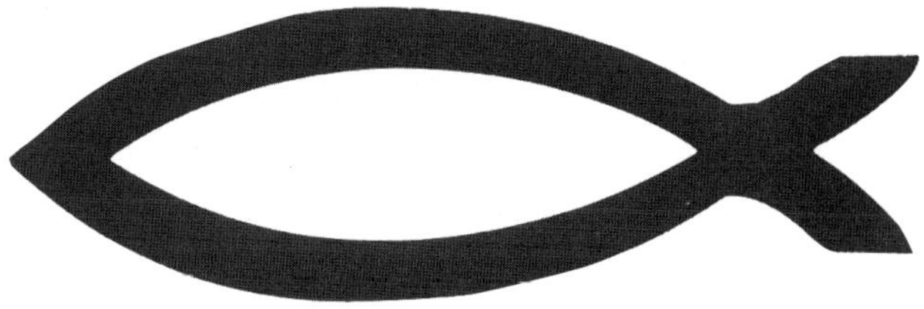

© Elisabeth Birzele

Zeige dich, wie du bist und wofür du stehst!

Zeichne in die Kreise Gegenstände, die du und deine Mitschüler mitgebracht haben und die Zeichen dafür sind, wofür ihr steht.

4.3 Was ist ein Symbol?

Kompetenz

Grundlegend verstehen, was ein Symbol ist.

Vorbereitung

- L stellt eine Sammlung von Gegenständen zusammen, die (leicht) als Symbole gedeutet werden können, z.B.: Sanduhr, Kerze, Wurzel, Batterie, Lupe, Stein.

Motivation/Themenfindung

- L zerreißt ein Blatt Papier in Form einer Schlangenlinie und legt die beiden Teile auf dem OHP wieder zusammen **(B1)**.
  Sch äußern sich.

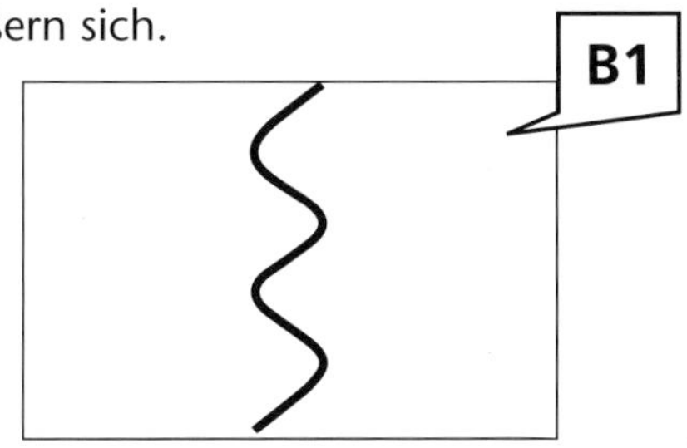

- Die Papierteile werden rechts und links an die TA geheftet.
- L: „Überlegt, wie das Thema der Stunde lauten könnte, z.B. Zerrissenes zusammenfügen."

Begegnung/Erarbeitung

- L: „Um das Zusammenfügen geht es auch im folgenden Text."
  Sch lesen „Was ist ein Symbol?" **(B2)**.
- L: „Fasst zusammen: Was ist ein Symbol?"

Vertiefung

- L zeigt das Bild „Meditative Rose" von S. Dalí (aus: Folienmappe EINFACH LEBEN 6 oder aus dem Internet).
- L: „Der Künstler Salvador Dalí hat sein Bild ‚Meditative Rose' genannt. Lass dich von der Rose einfangen und betrachte sie eine Minute ganz ruhig! Schreibe dann deine Gedanken auf!"
  Sch lesen ihre Gedanken vor.
- L: „Die Rose ist ein Symbol für ..." (TA)
- L: „Überlegt, welche zwei Bereiche bei der Rose zusammengefügt werden." (Sch z.B.: Die natürliche Rose und die menschliche Liebe)
  Ergebnisse werden unter den beiden Papierteilen an der TA notiert (vgl. **AB**).

Transfer

- L legt die Sammlung von Gegenständen (vgl. Vorbereitung) in die Mitte.
  L: „Betrachtet die Gegenstände und beschreibt sie."
- L: „Überlegt, welche tiefere Bedeutung diese Gegenstände haben können!"
- L: „Entdeckt bei den Gegenständen/Symbolen die zwei zusammengefügten Bereiche."
  Ergebnisse werden an TA unter die beiden Papierteile notiert.

Sicherung

- Sch bearbeiten das **AB**.
  L: „Übertragt die Ergebnisse von der TA auf die leeren Zeilen auf dem **AB**."
  L: Ergänzt die fehlenden Wörter im Lückentext (Einheit – fälschungssicherem – Ganzes – Griechischen – Hälften – passenden – sichtbare – Tontäfelchen – Verbindung – verborgene).

B2

Was ist ein Symbol?

Das Wort „Symbol“ kommt aus dem Griechischen und heißt so viel wie „das Zusammengefügte, das Zusammengeworfene“. Das erklärt sich folgendermaßen: In der Antike gab es noch keine Ausweise aus fälschungssicherem Material wie bei uns heute. Damals zerbrach man Tontäfelchen, einen Ring, einen Würfel oder andere Gegenstände, damit sich Boten, Gastfreunde oder Vertragspartner mit den beiden zueinander passenden Teilen wieder erkennen oder ausweisen konnten.

Bei einem Symbol geht es also um zwei Hälften, die zu einer Einheit zusammengefügt werden wollen. Auch heute bezeichnet ein Symbol die enge Verbindung von zwei Elementen zu einer Einheit.

Das erste Element ist das sichtbare Zeichen, das zweite Element die verborgene Bedeutung, das tiefere, dahinterstehende Verständnis. Beide Elemente müssen zusammenkommen, um ein Ganzes zu bilden, dann spricht man von einem Symbol.

Was ist ein Symbol?

Das Wort „Symbol" kommt aus dem ____________________ und heißt so viel wie „das Zusammengefügte, das Zusammengeworfene". Das erklärt sich folgendermaßen: In der Antike gab es noch keine Ausweise aus ____________________ Material wie bei uns heute. Damals zerbrach man ____________________, einen Ring, einen Würfel oder andere Gegenstände, damit sich Boten, Gastfreunde oder Vertragspartner mit den beiden zueinander ____________________ Teilen wieder erkennen oder ausweisen konnten. Bei einem Symbol geht es also um zwei ____________________, die zu einer ____________________ zusammengefügt werden wollen. Auch heute bezeichnet ein Symbol die enge ____________________ von zwei Elementen zu einer Einheit.

Das erste Element ist das ____________________ Zeichen, das zweite Element die ____________________ Bedeutung, das tiefere, dahinterstehende Verständnis. Beide Elemente müssen zusammenkommen, um ein ____________________ zu bilden, dann spricht man von einem Symbol.

1. Übertrage die Ergebnisse von der TA auf die leeren Zeilen.
2. Ergänze die fehlenden Wörter im Lückentext: Einheit – fälschungssicherem – Ganzes – Griechischen – Hälften – passenden – sichtbare – Tontäfelchen – Verbindung – verborgene.

4.4 Piktogramme, Zeichen und Symbole entdecken und richtig deuten

Kompetenz

Die Bedeutungsmöglichkeiten von alltäglichen Zeichen und Symbolen entdecken.

Vorbereitung

L besorgt eine „Rose von Jericho", eine Schale und eine Kanne mit warmem Wasser.

Motivation/Themenfindung

- L erzählt die Traumgeschichte „Im Irrgarten der Zeichen und Symbole" **(B1)** und legt dabei die entsprechenden Folienbilder auf **(B2)**.
  Sch entdecken die richtigen Bedeutungen.
- Sch finden das Thema, z.B.: Zeichen und Symbole richtig deuten.

Information

- L legt Folientext „Piktogramme – Zeichen – Symbole" **(B3)** auf. Sch lesen, L/Sch klären die Begriffe.

Erarbeitung

- L verteilt das **AB** (PA/GA).
  L: „Betrachtet die Abbildungen. Was bedeuten sie? Notiert!"
  Ordnet sie den drei Begriffen Piktogramm (P), Zeichen (Z) und Symbol (S) zu und kennzeichnet den zutreffenden Buchstaben. Nicht immer lassen sich die Beispiele eindeutig zuordnen." (PA/GA)
- Die Ergebnisse werden vorgestellt und auf einer Folie festgehalten.

Vertiefung

- L legt die „Rose von Jericho" in die Schale und gießt warmes Wasser darüber.
- L bringt Information „Die Rose von Jericho" **(B4)**.
- L: „Das Aufgehen und Grünwerden der Pflanze kann bedeuten, ..."
  Sch entdecken tiefere Bedeutungen dieses Naturphänomens.

Sicherung

- Sch übertragen die Ergebnisse von der Folie auf das **AB**.

B4

Die Rose von Jericho

Die „Rose von Jericho" ist eine Pflanze, die seit Jahrtausenden die Wüste belebt. Dieses Bärlappgewächs ist von seiner Art her etwa 80 Millionen Jahre alt. Einzelne Pflanzen können durchaus ein paar tausend Jahre alt werden. In Pharaonengräbern hat man noch „funktionsfähige" Rosen als Grabbeigaben gefunden, die eine Trockenphase von über 4.000 Jahren unbeschadet überstanden hatten. Vermutlich wurde die Pflanze auch deshalb zu einem Symbol für das „ewige Leben".
Erste Kreuzfahrer konnten sich nicht erklären, warum ein total verholztes Gewächs nach Jahren wieder zum Leben erwachen kann. Man umschrieb dieses Mysterium bald mit dem Namen „Rose von Jericho".

Der braune Ballen öffnet sich, wenn er mit warmem Wasser in Berührung kommt. Legt man ihn in kaltes Wasser, dauert es etwa 12 bis 14 Stunden, mit kochendem Wasser etwa 10 bis 20 Minuten, bis aus diesem graubraunen Knäuel eine grüne, flache Pflanze geworden ist. Sollte sie sich nicht aufrollen, gießt man mehrmals kochendes Wasser nach. Ist sie ganz auseinandergerollt, kommt sie mit der Wurzel in ein kleines Gefäß (Kompottschälchen oder Ähnliches) mit etwas Wasser. Wenn das Wasser verbraucht ist, rollt sie sich in ihren Ursprung zurück und ist unbegrenzt haltbar.
Achtung: Nicht länger als eine Woche im Wasser lassen! Die „Rose von Jericho" ist eine Wüstenpflanze, deshalb braucht sie die Trockenphasen. Aber keine Angst: Man kann den Vorgang beliebig oft wiederholen.

Im Irrgarten der Zeichen und Symbole

B1

Kevin liegt im Bett und schläft. Im Traum sieht er plötzlich ein junges Reh vor sich. Er hat Tiere schon immer gemocht. Wenig später sieht er es auf einem Straßenschild. Das ist sicher der Hinweis, dass es hier zum Wildpark geht. Schon macht er sich auf den Weg.
Da sieht er ein Schild mit einem roten Kreuz. Er denkt sich: „Oh, da muss ich aufpassen, das ist eine gefährliche Kreuzung!"
Plötzlich tauchen viele Schilder vor seinen Augen auf. Das nächste Schild kennt er vom Verkehrserziehungsunterricht: ein rotes Dreieck mit einem gebogenen Pfeil. Das heißt: Ich muss die Straßenseite wechseln.
Das runde Schild mit dem durchgestrichenen P deutet er: Hier darf die Post nicht halten.
Das Schild mit dem Feuer zeigt an: Hier ist ein städtischer Grillplatz.
Das Kleeblatt deutet darauf hin, dass hier in der Nähe ein Blumenladen ist.
Das Schild mit der Schlange verweist auf eine Tierhandlung und Messer und Gabel auf ein Besteckgeschäft.

B3

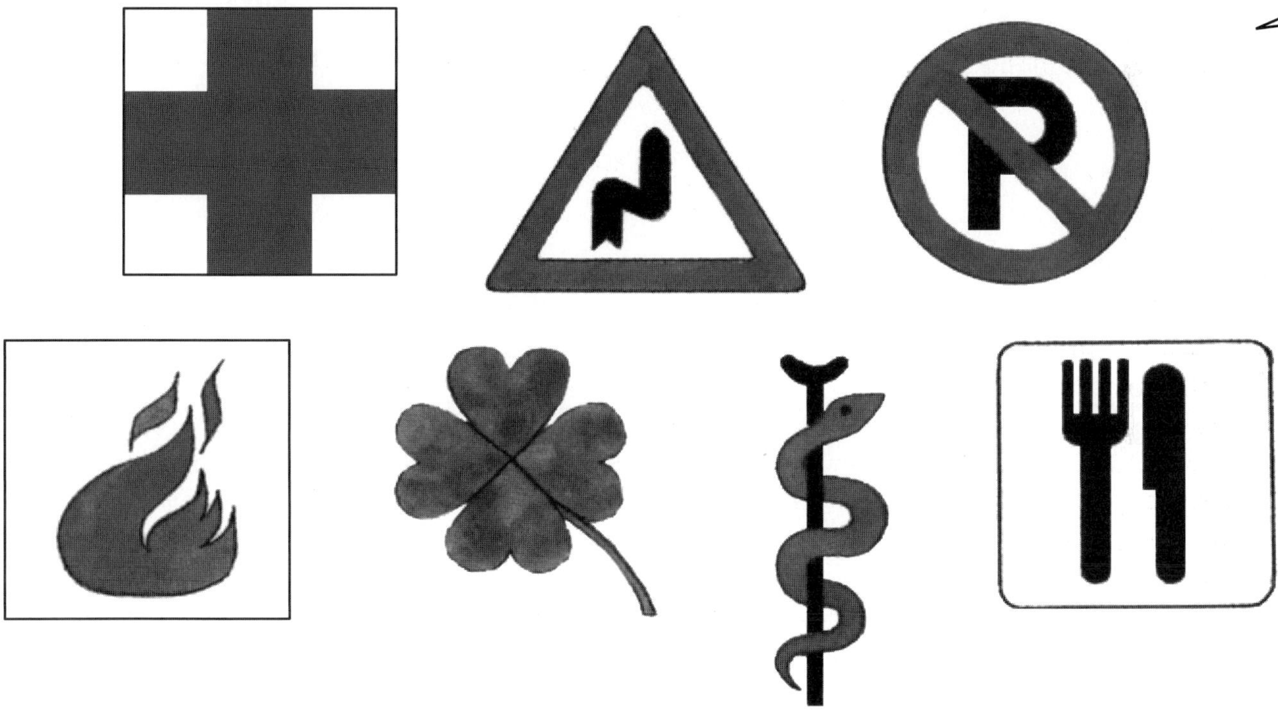

Piktogramme – Zeichen – Symbole

- ❑ Ein Piktogramm ist eine Art „grafischer Stellvertreter" für einen bestimmten Inhalt.
- ❑ Ein Zeichen weist eindeutig auf etwas hin; es ist ein konkretes Bild oder ein Gegenstand. Es weist auf etwas hin, was in seinem ganzen Umfang nicht dargestellt werden kann.
- ❑ Ein Symbol ist ein Zeichen mit tieferer Bedeutung. Einzelne Menschen und Gruppen verbinden damit Erfahrungen, Einsichten oder Hoffnungen.

Piktogramme, Zeichen und Symbole – entdecken und richtig deuten

- ❑ Ein **P**iktogramm ist eine Art „grafischer Stellvertreter" für einen bestimmten Inhalt.
- ❑ Ein **Z**eichen weist eindeutig auf etwas hin; es ist ein konkretes Bild oder ein Gegenstand. Es weist auf etwas hin, was in seinem ganzen Umfang nicht dargestellt werden kann.
- ❑ Ein **S**ymbol ist ein Zeichen mit tieferer Bedeutung. Einzelne Menschen und Gruppen verbinden damit Erfahrungen, Einsichten oder Hoffnungen.

❑ P ____________
❑ Z ____________
❑ S ____________

❑ P ____________
❑ Z ____________
❑ S ____________

❑ P ____________
❑ Z ____________
❑ S ____________

❑ P ____________
❑ Z ____________
❑ S ____________

❑ P ____________
❑ Z ____________
❑ S ____________

❑ P ____________
❑ Z ____________
❑ S ____________

❑ P ____________
❑ Z ____________
❑ S ____________

❑ P ____________
❑ Z ____________
❑ S ____________

❑ P ____________
❑ Z ____________
❑ S ____________

❑ P ____________
❑ Z ____________
❑ S ____________

❑ P ____________
❑ Z ____________
❑ S ____________

❑ P ____________
❑ Z ____________
❑ S ____________

❑ P ____________
❑ Z ____________
❑ S ____________

❑ P ____________
❑ Z ____________
❑ S ____________

❑ P ____________
❑ Z ____________
❑ S ____________

❑ P ____________
❑ Z ____________
❑ S ____________

1. Was bedeuten die Bilder? Notiere!
2. Ordne sie den drei Begriffen Piktogramm (P), Zeichen (Z) und Symbol (S) zu und kennzeichne den zutreffenden Buchstaben. Nicht immer lassen sich die Beispiele eindeutig zuordnen.

4.5 Symbole mit Tiefgang – Sakramente als wirksame Zeichen der Nähe Gottes

Kompetenz

Die Sakramente als wirksame und ermutigende Zeichen der Nähe Gottes verstehen.

Motivation/Themenfindung

- L zeichnet einen liegenden Pyramidenstumpf an TA (**B1**; vgl. **AB**).
  In das vordere Quadrat hängt/zeichnet er ein Symbol/Bild der Gegenwart (z.B. Bild mit Schülern), in das hintere kleinere Quadrat ein Symbol/Bild für Gott (vgl. **AB**).
  Sch beschreiben.
- L befestigt im Zwischenraum der beiden Quadrate kleine Bilder/Fotos: Wasser, Wein, Brot/Hostien, Salböl, Ringe. Sch beschreiben die Bilder (vgl. **AB**).
- Sch finden eine vorläufige Formulierung für das Thema, z.B. Dinge zwischen Gott und Mensch.

B1

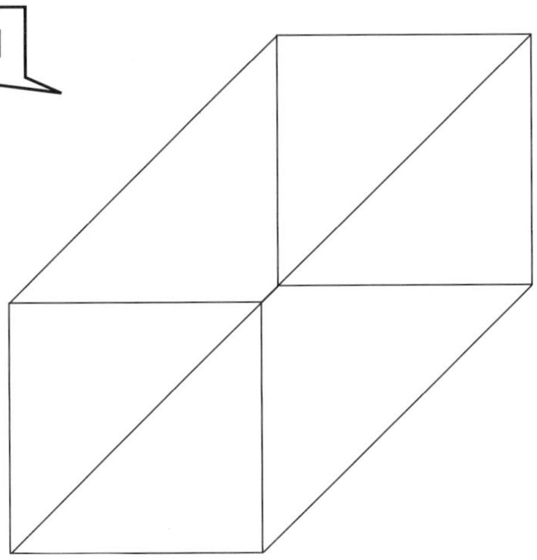

Begegnung/Erarbeitung

- Sch lesen Text „Symbole mit Tiefgang – Sakramente als wirksame Zeichen der Nähe Gottes" (**B2**).
- L: „In der Alltagswelt bleibt Gott oft im Hintergrund. Erklärt!"
- L: „Zählt die sieben Sakramente auf."
  Sakramente werden an TA notiert.
- L: „Bringt die Sakramente mit den Dingen zwischen Vordergrund und Hintergrund in Verbindung."

Vertiefung

- L: „Die sieben Sakramente haben einiges gemeinsam." Sch lesen (**B3**).

Sicherung

- L: „Übertragt die Namen der sieben Sakramente auf das AB. Tragt die Lückenwörter (Heiligen Geistes – Jesu – Leben – symbolischen – wirksame – Worte) ein. Gestaltet die Bilder farbig."

B3

Die sieben Sakramente haben einiges gemeinsam:

- In jedem Sakrament gibt es Zeichen, die symbolischen Charakter haben. So ist das Wasser bei der Taufe ein Symbol für das Leben, das von Gott geschenkt wird.
- Weil Zeichen vieldeutig sein können, werden sie durch deutende Worte begleitet. Bei der Taufe spricht der Priester: „Ich taufe dich im Namen des Vaters und des Sohnes und des Heiligen Geistes." Mit diesem Satz wird klar, was das Wasser bedeutet.
- Sie gehen auf die Person und das Wirken Jesu zurück.
- Sie sind wirksame Zeichen des unsichtbaren Handelns Gottes.

Symbole mit Tiefgang

Sakramente als wirksame Zeichen der Nähe Gottes

Im Vordergrund des Bildes sehen wir ein Bild von Menschen der Gegenwart, im Hintergrund eine leuchtende Sonne als Bild für Gott. In unserem Leben ist Gott nicht direkt sichtbar, er ist uns verborgen, er bleibt „im Hintergrund".

Aber es gibt etwas, was sozusagen zwischen Mensch und Gott steht. Das sind die **7 Sakramente:**

1. Taufe
2. Beichte
3. Eucharistie
4. Firmung
5. Ehe
6. Priesterweihe
7. Krankensalbung

Mit einer Hälfte gehören sie zu unserem Leben (Wasser, Brot, Wein, Öl, Ringe), aber mit der anderen Hälfte ragen sie in den Bereich Gottes hinein. Die Theologen sagen, dass die Sakramente auf das göttliche Leben hinweisen, es erhalten und bewirken.
Weil Sakramente im Raum zwischen Mensch und Gott stehen, können sie Gott und Mensch verbinden.

Gott schenkt dem Menschen durch die Sakramente seine Kraft und Dynamik. Die Theologen nennen diese Kraft „Gnade".

Mit ihr können Menschen ihr Leben gestalten. Ohne diese Kraft bliebe ihr Leben leer und sinnlos. Deshalb ist es für Menschen wichtig, durch die Sakramente mit Gott in Verbindung zu bleiben und die von Gott geschenkte Kraft im Leben umzusetzen.

Weil die Kraft Gottes durch Jesus Christus hindurch zu den Menschen gelangt, wird die Person Jesu auch als „Ursakrament" bezeichnet. In ihm haben alle Sakramente ihren Ursprung, von ihm gehen sie aus. In den Sakramenten wird sichtbar, hörbar und greifbar, wie Gott die Menschen durch Christus liebt.

Symbole mit Tiefgang
Sakramente als wirksame Zeichen der Nähe Gottes

Die 7 Sakramente

1. ______________________________
2. ______________________________
3. ______________________________
4. ______________________________
5. ______________________________
6. ______________________________
7. ______________________________

Die sieben Sakramente haben einiges gemeinsam:

- In jedem Sakrament gibt es Zeichen, die ______________________ Charakter haben. So ist das Wasser bei der Taufe ein Symbol für das ______________________, das von Gott geschenkt wird.
- Weil Zeichen vieldeutig sein können, werden sie durch deutende ______________________________ begleitet. Bei der Taufe spricht der Priester: „Ich taufe dich im Namen des Vaters und des Sohnes und des __________ ______________________." Mit diesem Satz wird klar, was das Wasser bedeutet.
- Sie gehen auf die Person und das Wirken ______________________________ zurück.
- Sie sind ______________________ Zeichen des unsichtbaren Handelns Gottes.

1. Übertrage die Namen der sieben Sakramente.
2. Trage die Lückenwörter (Heiligen Geistes – Jesu – Leben – symbolischen – wirksame – Worte) ein. Gestalte die Bilder farbig.

4.6 Sakramente begleiten uns auf unserem Weg

Kompetenz

Sakramente als wirksame Zeichen der Nähe Gottes an entscheidenden Lebensstationen verstehen.

Vorbereitung

L besorgt/kopiert:

- Sechs farbige Tücher und ein paar Schuhe
- Gegenstände oder Symbole für wichtige Lebensstationen **(B1)**
- Wortkarten – Die sieben Sakramente **(B2)**
- Bilder der sieben Sakramente **(B3)**
- Satzkarten – Worte der Sakramentenspendung **(B4)**

Motivation

- Sch sitzen im Stuhlkreis.
  In der Mitte auf dem Boden liegen sechs farbige Tücher und ein paar Schuhe.
  Verdeckt liegen: Gegenstände oder Symbole für wichtige Lebensstationen – Tabelle **(B1)**, Wortkarten – Die sieben Sakramente **(B2)**, Bilder der sieben Sakramente **(B3)** und Satzkarten – Worte der Sakramentenspendung **(B4)**.

Begegnung

- L: „Das Leben der Menschen ist ein Weg von der Geburt bis zum Tod. Hier liegen sechs farbige Tücher und Schuhe. Gestaltet damit einen Lebensweg."
- L deckt die Gegenstände und Symbole auf (Tabelle **B1**).
  L: „Überlegt, für welche Lebensstationen diese Gegenstände stehen können."
  Sch legen die Gegenstände und Symbole entsprechend auf die Tücher des Lebensweges.
- L: „Auf seinem Lebensweg begleitet Gott den Menschen. Aber an bestimmten Stellen des Lebens spricht er den Menschen in ganz besonderer Weise an. Das geschieht in den sieben Sakramenten." L legt die Wortkarten „Die sieben Sakramente" aus **(B2)**.
  Sch ordnen sie den Lebensstationen zu.
- L breitet die Bilder der sieben Sakramente aus **(B3)**. Sch betrachten und ordnen zu.
- L legt die Satzkarten (= Worte der Sakramentenspendung) aus **(B4)**. Sch lesen und ordnen zu.

Transfer

- L: „Erzählt von den Sakramenten, die ihr schon empfangen oder erlebt habt! (Drei Sakramente – Taufe, Eucharistie und Bußsakrament – haben Sch der 7./8. Klasse meist bereits empfangen. Vielleicht sind manche schon gefirmt worden.)

Vertiefung

- L/Sch liest die Geschichte „Spuren im Sand" **(B5)** oder das Gebet „Gott, du bist über mir" vor **(B6)**.
- L: „Die Geschichte (bzw. das Gebet) passt gut zu den sieben Sakramenten. Überlegt!"

Sicherung/Hausaufgabe

- L: „Tragt auf dem **AB** die Lückenwörter (besiegelt – Frau – Kelch – Leib – Mann – priesterliche – Salbung – Sünden – taufe) ein."

B1

Lebensstationen	Gegenstände und Symbole, z.B.
Geburt	Geburtsurkunde
Essen und Trinken	Brot und Wasser
Schuld und Misslingen	Steine
Jugendalter	Turnschuhe, Jeans, Halskettchen
Entscheidung über Partnerschaft, Ehe und Familie	Eheringe, Stammbuch
Krankheit und Tod	Medikamente, Todesanzeige

Wortkarten – Die sieben Sakramente

B2

Taufe	**Eucharistie**	**Firmung**	**Buße**
Ehe	**Priesterweihe**	**Krankensalbung**	

B5

Spuren im Sand

Eines Nachts hatte ein Mann einen Traum. Er träumte, er gehe mit Jesus am Meeresstrand entlang spazieren. In Gedanken sah er sein ganzes Leben noch einmal an sich vorüberziehen. Dabei bemerkte er, dass im Sand zwei Fußspuren zu sehen waren, seine eigenen und daneben die Fußspuren Jesu.

Als die letzten Bilder aus seinem Leben an ihm vorübergezogen waren, schaute er zurück. Da bemerkte er, dass an einigen Stellen nur ein Paar Fußspuren im Sand zu sehen waren. Das waren Situationen, in denen er mutlos und verzweifelt gewesen war.

Verwundert fragte er Jesus: „Herr, du hast mir versprochen, du würdest jeden Weg mit mir gehen, ich solle dir nur vertrauen. Jetzt sehe ich aber gerade in den beschwerlichsten Zeiten meines Lebens nur eine Fußspur im Sand. Warum hast du mich gerade dann alleine gehen lassen, wenn ich mutlos und verzweifelt war?" Jesus antwortete: „Mein Freund, ich bin stets bei dir gewesen, gerade dann, wenn es dir schlecht erging. Wo du nur ein Paar Spuren im Sand erkennst, da habe ich dich getragen."

B6

Gebet

Gott, du bist über mir und beschützt mich.
Gott, du bist unter mir und trägst mich.
Gott, du bist vor mir und siehst mich an.
Gott, du bist hinter mir und machst mir Mut.
Gott, du bist rechts von mir und hilfst mir.
Gott, du bist links von mir und führst mich.
Gott, du bist in meinem Herzen und liebst mich.
Gott, du bist in jedem Menschen und begegnest mir.
Dafür lobe ich dich und danke ich dir.
Amen!

B3

Bilder der sieben Sakramente

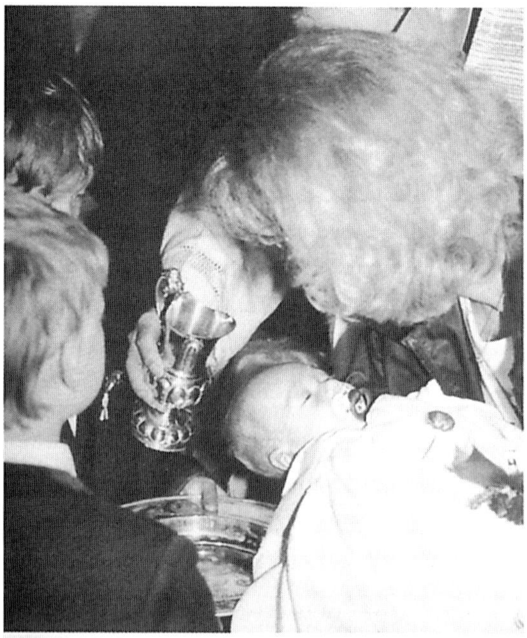

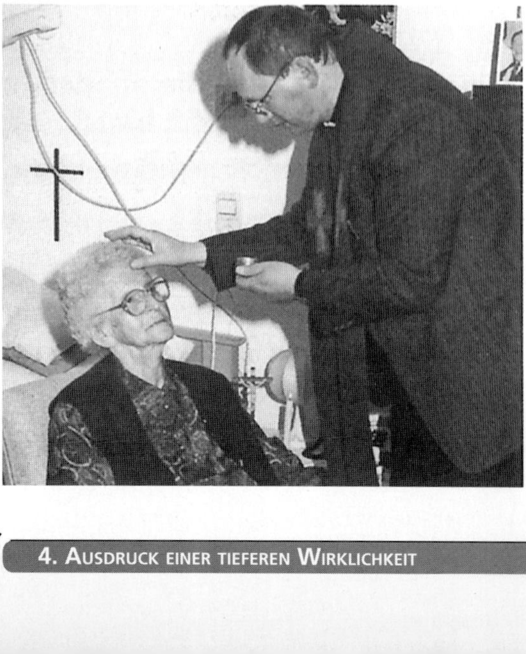

Satzkarten – Worte der Sakramentenspendung

B4

Priester: „Ich taufe dich im Namen des Vaters und des Sohnes und des Heiligen Geistes."

Priester: „So spreche ich dich los von deinen Sünden im Namen des Vaters und des Sohnes und des Heiligen Geistes."

Priester: „Nehmet und esset alle davon: das ist mein Leib, der für euch hingegeben wird.
Nehmet und trinket alle daraus: das ist der Kelch des neuen und ewigen Bundes, mein Blut, das für euch und für alle vergossen wird zur Vergebung der Sünden.
Tut dies zu meinem Gedächtnis."

Bischof: „Sei besiegelt durch die Gabe Gottes, den Heiligen Geist."

Ehemann: „Vor Gottes Angesicht nehme ich dich an als meine Frau."
Ehefrau: „Vor Gottes Angesicht nehme ich dich an als meinen Mann."

Bischof: „Allmächtiger Gott, wir bitten dich: Gib deinen Knechten die priesterliche Würde. ... Segne, heilige und weihe deine Diener, die du erwählt hast."

Priester: „Durch diese heilige Salbung helfe dir der Herr in seinem reichen Erbarmen, er stehe dir bei mit der Kraft des Heiligen Geistes. Der Herr, der dich von Sünden befreit, rette dich, in seiner Gnade richte er dich auf."

Sakramente begleiten uns auf unserem Weg

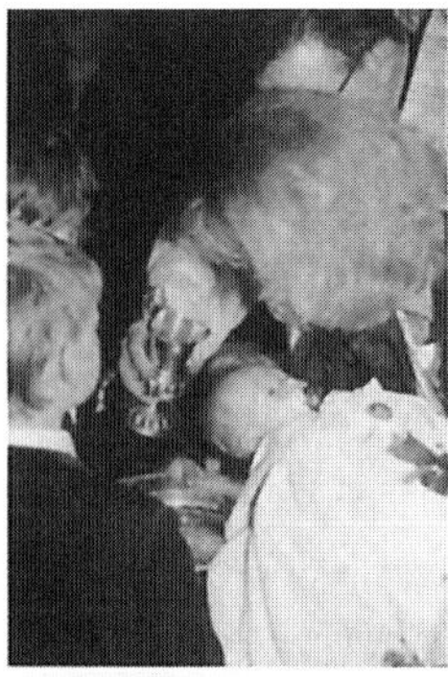

Priester: „Ich ________ ________ dich im Namen des Vaters und des Sohnes und des Heiligen Geistes.“

Geburt – Taufe

Essen und Trinken – Eucharistie

Priester: „ Nehmet und esset alle davon: das ist mein ______________, der für euch hingegeben wird.
Nehmet und trinket alle daraus: das ist der __________ des neuen und ewigen Bundes, mein Blut, das für euch und für alle vergossen wird zur Vergebung der Sünden.
Tut dies zu meinem Gedächnis.“

Jugendalter – Firmung

Bischof: „Sei ________ ________ durch die Gabe Gottes, den Heiligen Geist.“

Schuld – Buße

Priester: „So spreche ich dich los von deinen ____________ im Namen des Vaters und des Sohnes und des Heiligen Geistes.“

Ehemann: „Vor Gottes Angesicht nehme ich dich an als meine ____________.“
Ehefrau: „Vor Gottes Angesicht nehme ich dich an als meinen ____________.“

Lebensentscheidung – Ehe

Lebensentscheidung – Priesterweihe

Bischof: „Allmächtiger Gott, wir bitten dich: Gib deinen Knechten die ______________ Würde.
... Segne, heilige und weihe deine Diener, die du erwählt hast.“

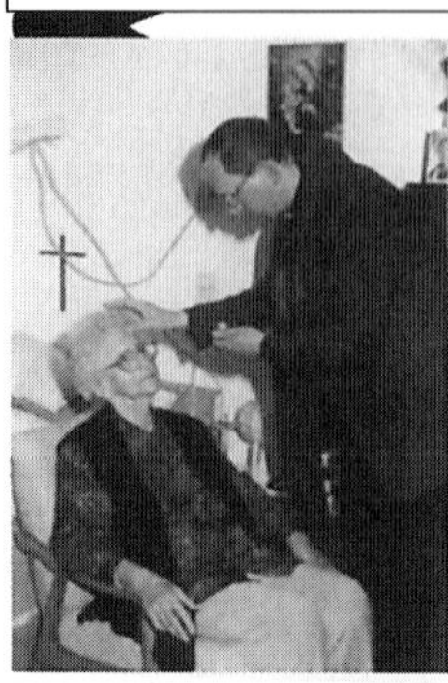

Priester: „Durch diese heilige ________ ________ helfe dir der Herr in seinem reichen Erbarmen, er stehe dir bei mit der Kraft des Heiligen Geistes. Der Herr, der dich von Sünden befreit, rette dich, in seiner Gnade richte er dich auf.

Krankheit, Tod – Krankensalbung

Trage die Lückenwörter (besiegelt – Frau – Kelch – Leib – Mann – priesterliche – Salbung – Sünden – taufe) ein.

4.7 Projekt/Freiarbeit zum Thema „Firmung“

Vorbemerkungen

- Aufgrund sehr unterschiedlicher Konzepte der Firmpastoral, besonders im Hinblick auf das Firmalter, ist das Thema Firmung in den Lehrplänen stark an den Rand gedrängt oder ganz verschwunden.
  Gerade deshalb wird an dieser Stelle ein Angebot gemacht, sich mit diesem Thema auch in der Schule zu beschäftigen. Das Thema kann als Projekt oder als Freiarbeit angegangen werden.
- Die folgenden Materialien sind entnommen aus: F. Emmerling/W. Rieß/R. Schlereth, Sich firmen lassen. Mündig werden im Glauben. (Freiarbeits-) Materialien zur Firmvorbereitung in Schule und Gemeinde. Donauwörth (Auer) 2005, 112 Seiten.

Dort finden sich weitere Bausteine für Freiarbeitsstationen:

Überblick über die Stationen

1. „Warum lasse ich mich firmen?“
Über die eigenen Gründe für die Firmung nachdenken

2. „Flotte Sätze, kesse Sprüche“
Ein Werbeplakat für einen Informationsabend zur Firmung gestalten

3. Geist – Geistlicher – Schlossgeist
Entdecken, was mit dem Wort „Geist“ alles gemeint sein kann

4. Der „Heilige Geist“ – Wer ist das?
Sich in der Bibel schlau machen und ein (Fenster-)Bild gestalten

5. Das Pfingstereignis – ein Fest der Farben
Einen Text in Farben „übersetzen“

6. Symbole mit Tiefgang
Die Symbole der Firmung verstehen und gestalten

7. „Wie ich gefirmt wurde“
Lückentext zur Feier der Firmung

8. Was tut ein Bischof, wenn er nicht firmt?
Über die Aufgaben eines Bischofs eine Bildreportage machen

9. „Hier ist Radio Sancti Spiritus“
Leute zum Thema „Heiliger Geist“ befragen

10. Alle sind herzlich eingeladen
Eine Einladungskarte zur Firmfeier meiner Familie entwerfen

11. Der Freudentanz des Gelähmten
Ein Bild kreativ weitermalen

12. Mein Leben als Bauwerk
Lebensbausteine zusammenfügen

13. Tobias träumt von Afrika
Sich ausmalen, wie der Hl. Geist im Alltag wirkt

14. „Pfingsten“
Eine Radierung von Thomas Zacharias mit Botschaften an die Welt von heute weitergestalten

15. Lebendige Pfarrgemeinde
Ein Mobile als Symbol für eine Pfarrgemeinde basteln

4.7.1 Warum lasse ich mich firmen?

Kompetenz

Unterschiedliche Gründe, sich firmen zu lassen, kennen und gewichten, um so der persönlichen Motivation ein Stück weit auf die Spur zu kommen.

Motivation/Themenfindung

- L: „Ich lade euch ein zu einem Brainstorming („Gedankensturm"). Nennt alles, was euch zu dem Stichwort einfällt, das ich an die TA schreibe."
- L notiert Ideen der Sch in Stichworten um die Ellipse herum (siehe unten).

Begegnung

- L: „Spender des Sakraments der Firmung ist normalerweise ein Bischof. Der Wiener Weihbischof Helmut Krätzl hat über die Firmung ein Buch geschrieben." Sch lesen **B1**.

Erarbeitung

- L: „Weihbischof Krätzl erklärt die Bedeutung der Firmung. Sucht in PA die Sätze heraus, die euch am wichtigsten erscheinen!"

Vertiefung/Transfer

- L: „Drei Sakramente hast du schon empfangen: das Sakrament der Taufe, der Eucharistie und der Buße (Beichte). Beim Sakrament der Taufe haben deine Eltern für dich entschieden, dass du getauft wirst. Bei der Erstkommunion und Beichte war schon deine eigene Überzeugung wichtig. Aber so richtig gefragt, ob du wirklich zur Erstkommunion gehen willst, hat dich vermutlich niemand. Bei der Firmung kommt es aber nun auf deine eigene Entscheidung an. Welche Gründe sind für dich ausschlaggebend?"
  Sch lesen Text „Gründe für die Firmung" abwechselnd **(B2)**.
- L: „Überlegt, welche Aussagen von euch sein könnten, und begründet!" (LSG)

Sicherung

- L: „Übertragt mindestens vier Aussagen auf das **AB**. Schreibt den Volltreffer in die Mitte. Notiert die Gründe, die euch weniger wichtig erscheinen, in die äußeren Kreise oder an den Rand. Gestaltet die Kreise auch farbig!"

B1

Warum lässt du dich firmen?

Der Wiener Weihbischof Helmut Krätzl, zu dessen Aufgaben auch die Firmung junger Menschen und Erwachsener gehört, schreibt:

Wenn ich mit Firmkandidaten vor der Firmung rede und die Frage stelle, warum sie sich firmen lassen, herrscht meist betretenes Schweigen. Viele tun es, weil es so üblich ist. Die Eltern haben sie vielleicht mit sanfter Gewalt dazu gedrängt. Und schließlich sind ein Fest und Geschenke nicht zu verachten. So sehr ich jedem Firmling ein schönes Fest gönne, und dazu gehören auch Geschenke, als Grund für ein Sakrament reicht das nicht.

Seit einigen Jahren lade ich Firmgruppen ein, mir vor der Firmung zu schreiben. Das ist oft leichter als das Reden vor anderen. In diesen Briefen geht es dann sehr offen und persönlich zu. Aus einer Gruppe gestanden mir einige: „Um ehrlich zu sein, ich weiß noch nicht, warum ich mich firmen lasse."

Bei der Firmpredigt habe ich sie dafür gelobt, dass sie so ehrlich sind. Dann habe ich ihnen aber aus anderen Briefen Beispiele nennen können, warum andere sich firmen lassen.

„Die Firmung gibt mir das Gefühl des Erwachsenseins." – „Die Firmung ist wie die Auffrischung der Taufe." – „Ich lasse mich firmen, weil ich als Christ nun mein Leben selbst in die Hand nehmen möchte." – „In der Firmung möchte ich ganz persönlich Ja sagen zum Glauben und zur Kirche." – „Firmung bedeutet mir viel, weil da der Heilige Geist mich erleuchtet und stärkt." Besonders schön hat mir ein Mädchen geschrieben: „Warum ich mich eigentlich firmen lasse? Ich will im Geist Jesu leben!"

Ich bin nun bald 15 Jahre Bischof und habe schon viele hundert junge Menschen gefirmt. Ehrlich gestanden, es ist mir nicht zur Routine geworden. Im Gegenteil, mich bewegt die Firmung immer mehr. Wenn ich so vor einem Mädchen stehe oder einem jungen Burschen die Hand auflege und die Stirn salbe, dann denke ich mir: Was wird aus diesem jungen Christen wohl einmal werden?

Ich möchte die Feier der Firmung immer möglichst schön und persönlich gestalten, weil sie so entscheidend für die jungen Leute ist. Natürlich weiß ich, dass es letztlich nicht auf mich ankommt, sondern auf die Gnade, die Gott zu geben bereit ist. Aber ich weiß auch, dass die Gnade nur ankommen kann, wenn einer sich ihr öffnet. Und dazu will ich etwas beitragen.

Gründe für die Firmung

B2

Manchmal weiß ich nicht, ob das alles mit dem Glauben stimmt, aber im Firmunterricht kann ich mich damit auseinandersetzen. Thomas, 17	Ich habe mit Gott und Kirche eigentlich nichts am Hut, aber meine Patin hat mir 300 Euro als Firmgeschenk versprochen. Die lass ich mir nicht entgehen. Julia, 14	Ich bin noch unschlüssig, ob ich mich überhaupt firmen lassen soll. Ich mache die Vorbereitung mit und entscheide mich dann. Melanie, 15	Meine Geschwister arbeiten in der Jugendarbeit der Pfarrei mit und meine Mutter ist Lektorin. Für mich ist das keine Frage, dass ich zur Firmung gehe. Ramona, 13
Ich denke mir, dass ich durch die Firmung Gott irgendwie ein bisschen näher komme. Heike, 13	Ich lasse mich firmen, weil ich glaube, dass man ohne Firmung nicht kirchlich heiraten kann. Simon, 14	Mit der Firmung kann ich eigentlich nichts anfangen. Aber wenn alle aus meiner Klasse gehen, dann gehe ich mit. Franziska, 14	Meine Eltern wollen es unbedingt und wären sehr enttäuscht, wenn ich mich nicht firmen lasse. Florian, 14
In der Firmung möchte ich ganz persönlich Ja sagen zum Glauben und zur Kirche. Holger, 14	Ich lasse mich firmen, weil ich als Christ nun mein Leben selbst in die Hand nehmen möchte. Tobias, 14	Die Firmung gibt mir das Gefühl des Erwachsenseins. Christiane, 16	Ich will im Geist Jesu leben! Nico, 15

Warum lasse ich mich firmen?

1. Übertrage mindestens vier Aussagen auf das AB.
2. Schreibe den Volltreffer in die Mitte.
3. Notiere die Gründe, die dir weniger wichtig erscheinen, in die äußeren Kreise oder an den Rand.
4. Gestalte die Kreise auch farbig!

4.7.2 Der „Heilige Geist" – ein unbekanntes Wesen?

Kompetenz

Sich ein tieferes Verständnis vom „Heiligen Geist" durch das (Zu-)Ordnen von „Geistwörtern" erarbeiten.

Motivation/Themenfindung

- L: „Vielleicht habt ihr euch schon einmal gefragt, was das Wort ‚Geist' eigentlich bedeutet. Wenn ihr im Duden oder in einem Wörterbuch nachschlagt, werdet ihr euch wundern, was das Wort ‚Geist' alles bedeuten kann."
- L legt Folie „Chaos der Geistwörter" **(B1)** auf. Sch lesen.
- L: „In dieses Chaos müssen wir wohl etwas Ordnung bringen."
  L zeichnet oder heftet fünf Sammelmappen an TA und beschriftet sie mit den Überschriften: Alkohol, Gespenster, Verstand, Innere Haltung, Gott/Jesus (**B2**, vgl. auch **AB**).
- L: „Bringt Ordnung in das Chaos und schreibt die Geistwörter in die richtigen Sammelmappen." (Vgl. Lösung **B3**).

Begegnung/Erarbeitung

- L: „Was der Heilige Geist genauer ist, steht auf dem Textblatt." (Vgl. **B4**). Sch lesen.
- L: „Heiliger Geist? – Wer ist das? Erklärt mit eigenen Worten!"
- L: „Blickt noch einmal auf die ‚Geistwörter' in den Sammelmappen. Welche ‚Geistwörter' und welche Sammelmappen haben etwas mit dem Heiligen Geist zu tun und welche nicht?"
- L: „Zeichnet neben die Geistwörter und Sammelmappen, die etwas mit dem Heiligen Geist zu tun haben, kleine Feuerzungen (siehe **B5**)."
  Lösung: Zwei Sammelmappen („Alkohol" und „Gespenster") haben sicher nichts mit dem Hl. Geist zu tun und werden von TA gelöscht.
  Mit kleinen roten Feuerzungen werden gekennzeichnet:

B5

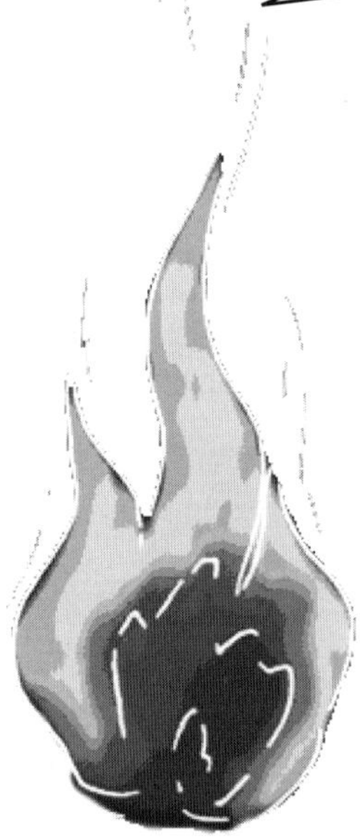

Geist Jesu	**Begeisterung**	**Mannschafts-geist**
Heiliger Geist	**Geisteshaltung**	
Geistesgaben	**Klassengeist**	**Geistesblitz**
Geistlicher	**Familiengeist**	**geistreich**

- L: „Der Heilige Geist hat also nicht nur etwas mit Gott und Jesus zu tun, sondern auch mit der inneren Haltung und mit dem Verstand."

Sicherung

- Sch übertragen die Ergebnisse auf **AB**.

B2

Alkohol

Gespenster

Verstand

Gott/ Jesus

Innere Haltung

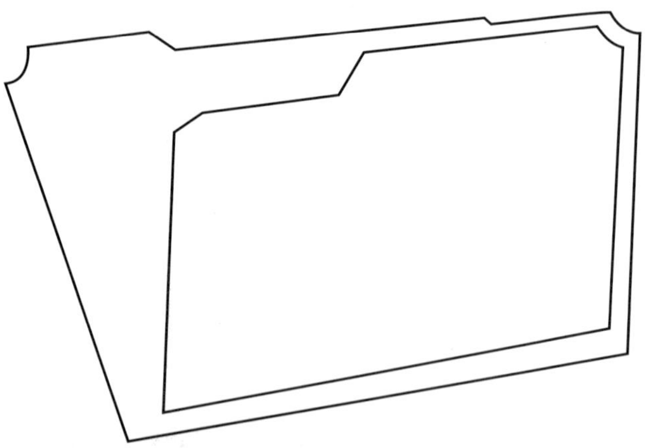

B1

Chaos der „Geistwörter“

Geisterhand

Weingeist

Geistesgaben

Heiliger Geist

Himbeergeist

Schlossgeist

geistlos

Begeisterung

Geisterbahn

Geistesgegenwart

Familiengeist

Geistlicher

geistreich

geistesverwandt

Geisteshaltung

Geisterstunde

Klassengeist

Geistesgeschichte

Geistesblitz

geistesabwesend

Geisterfahrer

Mannschaftsgeist

Hausgeist

geistesgestört

Geisterstadt

Geist Jesu

B3

Alkohol	Gespenster	Verstand	Innere Haltung	Gott/Jesus
Himbeergeist	Geisterbahn	geistesabwesend	Begeisterung	Geist Jesu
Weingeist	Geisterfahrer	Geistesblitz	Geisteshaltung	Geistlicher
	Geisterstadt	Geistesgaben	Klassengeist	Heiliger Geist
	Geisterstunde	Geistesgegenwart	Mannschaftsgeist	
	Hausgeist	Geistesgeschichte	Familiengeist	
	Schlossgeist	geistesgestört	geistesverwandt	
		geistlos		
		geistreich		

B4

Wer ist der Heilige Geist?

Mit dem Wort „Gott“ können die meisten Menschen etwas anfangen. Sie wissen, was damit gemeint ist, selbst wenn sie nicht an Gott glauben. Auch von Jesus haben sie schon öfters gehört. Aber unter dem Heiligen Geist können sich die wenigsten etwas vorstellen.

Das Sakrament der Firmung kann uns in dieser Frage weiterhelfen. Die Firmung ist nämlich in besonderer Weise das Sakrament des Heiligen Geistes. Bei der Salbung der Firmlinge mit einem besonderen Öl (Chrisam) spricht der Bischof die Worte: „Sei besiegelt durch die Gabe Gottes, den Heiligen Geist."

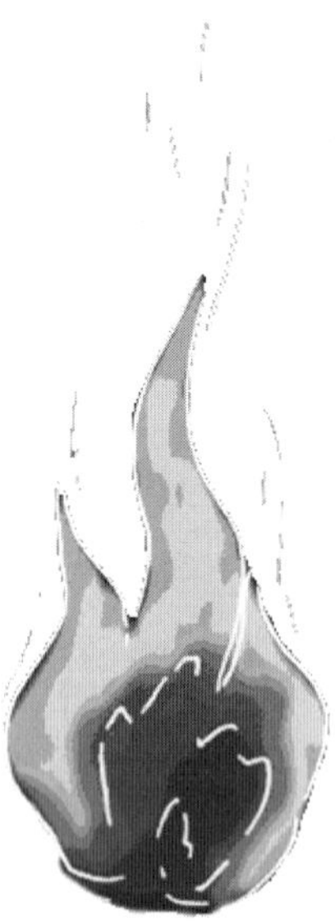

Der Heilige Geist ist also eine Gabe Gottes. Nach dem Tod Jesu waren seine Jünger enttäuscht und hielten sich hinter verschlossenen Türen in Häusern versteckt. In dieser Situation kam Gott ihnen durch die Gabe des Heiligen Geistes zu Hilfe. Sie wurden mutig, stießen die Türen auf und wagten, öffentlich die Botschaft von der Auferstehung Jesu zu verkünden. Die Apostelgeschichte schildert diese Ereignisse des ersten Pfingstfestes in Jerusalem.

Der Heilige Geist kommt dabei nicht als sichtbare Person zu den Jüngern. Er kommt herab in Gestalt besonderer Zeichen und Symbole und als innere Stärkung:

- Er lässt sich in Form von Feuerzungen auf die Jünger nieder.
- Er erfüllt in Form von Sturmesbrausen das Haus, in dem die Jünger sich versteckt hatten.
- Er erfüllt die Jünger mit innerer Kraft und Stärke, sodass sie plötzlich anfangen, ihren Glauben selbstbewusst zu verkünden.

Der „Heilige Geist“ – ein unbekanntes Wesen?

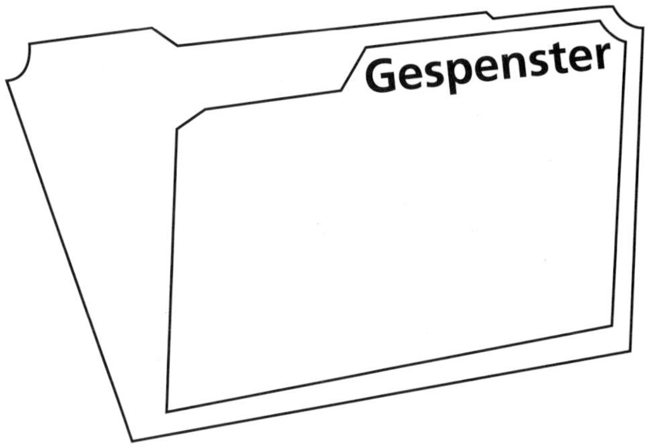

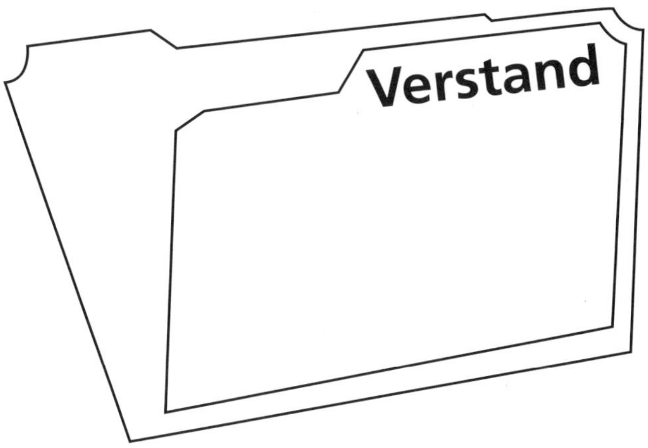

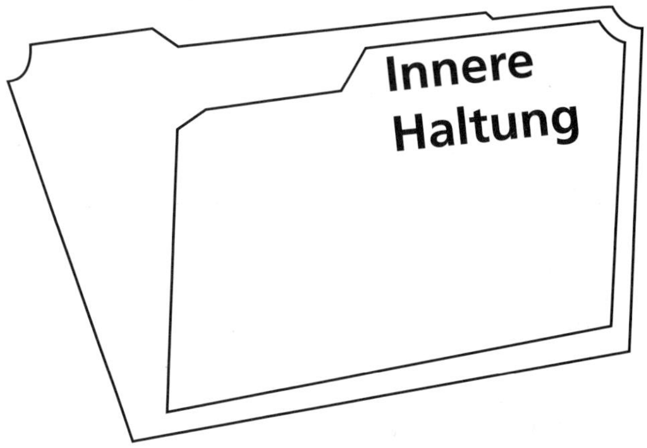

geistreich	Geisteshaltung
Geistesgegenwart	Geistesblitz
Mannschaftsgeist	Geistlicher
Geisterstunde	Familiengeist
Heiliger Geist	Geisterstadt
Himbeergeist	Begeisterung
geistesverwandt	geistesabwesend
Geist Jesu	Geistesgaben
Geisterfahrer	Weingeist
Klassengeist	Geistesgeschichte
Hausgeist	Schlossgeist
geistlos	geistesgestört
Geisterbahn	

1. Übertrage die „Geistwörter“ in die richtigen Sammelmappen.
2. Zeichne neben alle Geistwörter und Sammelmappen, die etwas mit dem Heiligen Geist zu tun haben, kleine rote Feuerzungen.

4.7.3 Zeichen und Symbole der Firmung

Kompetenz

Die tiefere Bedeutung der Zeichen und Symbole der Firmung erschließen.

Motivation/Themenfindung

- L zeigt als stumme Impulse eine Stange Siegellack (oder ein Stück Wachs), einen Siegelstempel (möglichst mit einem Motiv, das mit dem Hl. Geist in Verbindung gebracht werden kann), eine Kerze und Streichhölzer.
  Sch bringen ihr Vorwissen ein.
- L zündet die Kerze an, lässt etwas Siegellack auf ein Stück Papier tropfen und prägt den Siegellack mit dem Stempel.
- L: „Was ich gerade gemacht habe, hat etwas mit der Firmung zu tun."
  (Sch z.B. Firmung als Besiegelung?)

Begegnung

- L erzählt von der Feier einer Firmung **(B1)**.

Erarbeitung

- Sch wiederholen.
- L: „Bei der Firmung wird kein Siegellack erhitzt und kein Siegelstempel verwendet. Und doch wird dort etwas besiegelt. Überlegt!" (Vergleichen lassen sich Siegellack und Chrisam, Siegelzeichen und Kreuzzeichen, Siegelstempel und Bischof, versiegelte Urkunde und Firmling.)

Vertiefung

- L legt Skizzen der drei Symbole der Firmung als vergrößerte und mit entsprechenden Farbfolienstiften kolorierte Folien auf **(B2)**.
  Sch deuten die Symbole.
- Sch lesen Text „Zeichen und Symbole der Firmung" **(B2)**.

Sicherung

- L verteilt **AB**.
  L: „Tragt die richtigen Lückenwörter ein."

B1

Die Feier der Firmung – Erzählvorlage

Die Feier der Firmung geschieht innerhalb einer festlichen Eucharistiefeier mit dem Bischof oder dem Weihbischof. Dazu sind die Verwandten der Firmlinge und die ganze Gemeinde herzlich eingeladen. Nach dem feierlichen Einzug folgt der Wortgottesdienst. Lesung und Evangelium werden vorgelesen und der Bischof hält eine Predigt. Danach nimmt er das Taufbekenntnis von allen Firmbewerbern gemeinsam entgegen. Im Taufbekenntnis erneuern die Firmlinge ihren Glauben, der in der Taufe grundgelegt wurde.

Anschließend lädt der Bischof die Gemeinde zum Gebet für die Firmbewerber ein. Nach einer kurzen Stille fasst der Bischof die Anliegen aller in einem Gebet zusammen. Darin bittet er um die sieben Gaben des Heiligen Geistes:

Allmächtiger Gott, Vater unseres Herrn Jesus Christus, du hast diese jungen Christen in der Taufe von der Schuld Adams befreit, du hast ihnen aus dem Wasser und dem Heiligen Geist neues Leben geschenkt. Wir bitten dich, Herr, sende ihnen den Heiligen Geist, den Beistand. Gib ihnen den Geist der Weisheit und der Einsicht, des Rates, der Erkenntnis und der Stärke, den Geist der Frömmigkeit und der Gottesfurcht. Durch Christus, unseren Herrn. Amen.

Dann gehen die Paten mit den Firmlingen nach vorn zum Bischof und legen ihre rechte Hand auf die Schulter der Firmbewerber. Das bedeutet: Die Firmlinge sind nicht allein.

Der Bischof legt die Hand auf den Kopf jedes Firmlings und zeichnet ihm mit Salböl (Chrisam) ein Kreuz auf die Stirn. Dazu spricht er: „Sei besiegelt durch die Gabe Gottes, den Heiligen Geist." Der Firmling antwortet: „Amen." Schließlich wünscht der Bischof jedem Firmling den Frieden.

Zeichen und Symbole der Firmung

B2

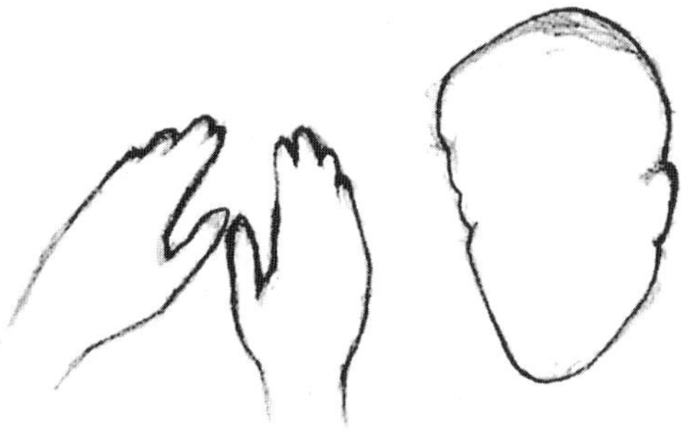

Das Ausbreiten der Hände

Das ist eine sehr alte Gebetshaltung. Damit ruft der Bischof den Geist Gottes auf die Firmlinge herab. Das bedeutet: Gott nimmt jeden einzelnen Firmling in seinen Dienst. Er hält seine schützende Hand über die Firmlinge und begleitet sie auf ihrem Weg. „Du gehörst mir", sagt Gott durch diese Gebärde. Wer Gott gehört, ist frei. Er gehört keinem anderen Menschen. Niemand hat Macht über ihn.

Die Salbung mit Chrisam

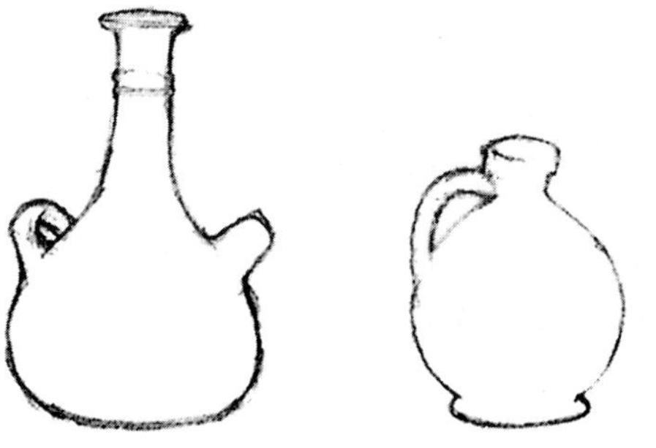

Chrisam ist eine Mischung aus Olivenöl und Balsam. Damit salbt der Bischof die Firmlinge auf die Stirn. Bei der Salbung denken wir heute an die Heilung von Wunden. Salben kühlen Wunden und fördern die Heilung. Sonnenöl schützt vor Sonnenbrand. Massageöl macht die Haut geschmeidig. Die alten Griechen rieben sich vor dem Ringkampf mit Öl ein, damit der Gegner sie nicht greifen konnte. Bei der Firmung soll damit verdeutlicht werden, dass das Böse keine Macht über den Firmling erhält.
Durch Balsam wird das Öl zum Chrisam. Balsam war früher ein Heilungsmittel und – weil es sehr gut riecht – auch ein Kosmetikartikel. Für die Firmung bedeutet das: Der Firmling wird durch den Heiligen Geist gleichsam „geheilt" und mit dem „guten Geruch" Christi ausgestattet.
Im Alten Testament war die Salbung mit Öl ein Zeichen der außerordentlichen Erwählung durch Gott. Durch die Salbung wurden z.B. Saul und David zu Königen des Volkes Israel bestimmt. Die Salbung war so ein Zeichen, dass Gott hinter seinem Erwählten steht.

„Sei besiegelt durch die Gabe Gottes, den Heiligen Geist!"

Das sagt der Bischof bei der Spendung der Firmung. Früher wurden wichtige Dokumente mit schönen, großen Siegeln versehen. Siegel waren eine Garantie für die Unversehrtheit und Echtheit des Schriftstücks. Viele Menschen hatten einen persönlichen Siegelring mit ihrem Wappen oder sonst einem persönlichen Zeichen. Um einen Brief zu verschließen, erwärmten sie Wachs oder Siegellack mit einer Kerze, ließen es auf den Briefumschlag tropfen und drückten dann ihr Zeichen hinein. Damit wird für den Empfänger deutlich: Wenn das Siegel nicht gebrochen ist, hat den Brief noch niemand gelesen. Die Besiegelung mit dem Kreuz bedeutet bei der Firmung: Du gehörst Gott. Er drückt dir sein Siegel auf. Du bist wie ein Brief, wie eine Botschaft Gottes mitten hinein in diese Welt.

Zeichen und Symbole der Firmung

Das Ausbreiten der Hände

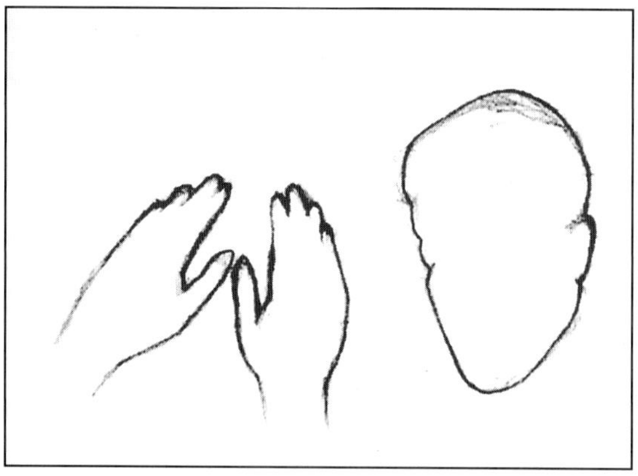

Das Ausbreiten der Hände …

- ist eine alte _______________.
- Der Bischof ruft den _______________ Gottes auf die Firmlinge herab.
- Gott ergreift Besitz von jedem Firmling.
- Gott hält seine _______________ Hand über dich.
- Gott sagt: „Du _______________ mir!“

Salbung mit Chrisam …

- ist eine Mischung aus Olivenöl und _______________.
- Schon bei der Taufe wurdest du damit gesalbt.
- Der Bischof salbt die Firmlinge auf der _______________.
- Die alten Griechen rieben sich vor dem _______________ mit Öl ein, damit der Gegner sie nicht greifen konnte.
- Balsam riecht sehr gut: Der Firmling wird mit dem „guten Geruch“ Christi ausgestattet.
- Im Alten Testament wurden _______________ gesalbt als Zeichen der Erwählung.

Salbung mit Chrisam

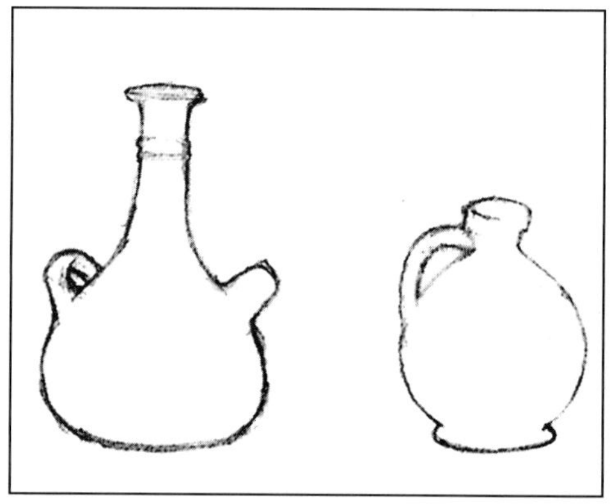

Besiegelung mit dem Kreuzzeichen

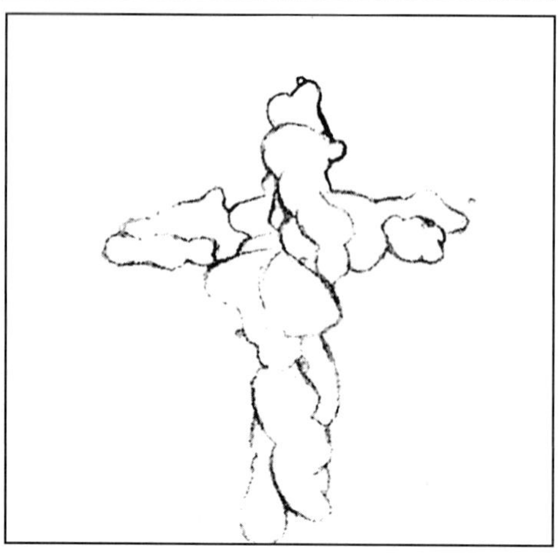

Besiegelung mit dem Kreuzzeichen

- Früher wurden wichtige Dokumente mit schönen, großen _______________ versehen.
- Siegel sind eine Garantie für die Unversehrtheit und _______________ des Schriftstücks.
- Zum Siegeln braucht man erwärmtes Siegelwachs und ein Zeichen, das hineingedrückt wird.
- Die Besiegelung mit dem _______________ bedeutet: Du gehörst Gott.
- Als gefirmter Christ bist du _______________ Mitglied deiner Gemeinde.

Trage die richtigen Lückenwörter ein:
Gebetshaltung – Geist – gehörst – schützende – Balsam – Stirn – Ringkampf – Könige – Siegeln – Echtheit – Kreuz – verantwortliches.

„Sehnsucht nach einer neuen Welt - Jesu Botschaft vom Reich Gottes"

1.1 B2 Bild	W. Rieß/R. Schlereth, EinFach Leben, Unterrichtswerk für den katholischen Religionsunterricht in der 7. Jahrgangsstufe der Realschule, Donauwörth (Auer) 2008 (= EL RS 7) - **76**
1.1 B4 Der Gipfelstürmer	W. Rieß/R. Schlereth, Lehrerband zu EinFach Leben, Unterrichtswerk für den kath. Religionsunterricht in der 7. Jahrgangsstufe der Realschule, Donauwörth (Auer) 2008 (= Lehrerband EL RS 7) - **88**
1.2 B4 Was hat Jesus …	EL RS 7 - **82**
1.4 B4 Endlich einer …	Martin Gutl: Endlich einer, der sagt …, aus: In vielen Herzen verankert. Styria Verlag, Graz 2004
1.4 B1 Die acht Seligpreisungen …	Aus: Feuer & Flamme, Werkmappe für Firmbegleiter/innen, Ein Behelf der Katholischen Jugend Wien, S. 240.
1.4. B3 Auszüge …	W. Rieß/R. Schlereth, EinFach Leben, Unterrichtswerk für den katholischen Religionsunterricht in der 7. Jahrgangsstufe der Hauptschule, Donauwörth (Auer) 2002 (= EL HS 7) - **13**
1.5 B1 Bild	Willy Fries, Das große Gastmahl, Gemälde 1965, © Stiftung Willy Fries
1.6 B1 und B2 Blindenschrift	Lehrerband EL RS 7 - **113**
1.7 B1 Bild	EL RS 7 - **95**
1.7 B2 Besuch …	EL RS 7 - **96**
1.7. B3 Franz von A.	EL RS 7 - **95-96**
1.7 AB	Lehrerband EL RS 7 - **120**
1.7 AB-Lösung	Lehrerband EL RS 7 - **121**

„Nachgeben oder sich durchsetzen – Mit Konflikten umgehen lernen"

2.1 **B1** Bild	Thomas Ruff: Simone Buch, Porträt 1988, 210 x 165 cm, Museum für Moderne Kunst, Frankfurt am Main, in: Folienmappe EL RS 7 - **94**
2.2 **B1** Bild	Ugo Rondinone, Am Boden („Heyday"), Polyester, Stoff, Haare, 1995, 125 x 80 x 90 cm, Galerie Walcheturm Zürich, aus: Folienmappe EL RS 7 - **107**
2.3 **B1** Abb.	Spirale: aus EL RS 7 - **58**
2.3 **B2** Text	Gerhard Zwerenz: Nicht alles gefallen lassen. In: Krischel, Volker: Beliebte Kurzgeschichten interpretiert. Bange Verlag, 2008 (2. Auflage), S. 96-101.
2.4 **B1** Text	Hans-Martin Große-Oetringhaus: Arne bleibt cool (Faustrecht). Aus: Rainer Engelmann/Tatort Klassenzimmer © 1994 Arena Verlag GmbH, Würzburg
2.4 **B3** Bild	Anuschka Blommers, Niels Schumm, Class of 1998, 1998
2.6 **B1** Bild	Lehrerband EL RS 7 - **19**
2.6 Bilder	Martin Luther King 1964 © Trikosko, Marion S.
2.7 **B1** Bild	EL RS 5 - **5**
2.8 **B1** Bild	Zeichnung von Thomas Schlereth, aus: R. Schlereth, Ich fang neu an jeden Tag, Auer Verlag, Donauwörth 2005, S. **21**.

„Auf der Suche nach Orientierung – Die Zehn Gebote"

3.1 B1 Bild	Hans Werner Sahm: Übergang
3.2 B3 Abb.	EL RS 8 - **28**
3.4 B1 Text	Elfriede Conrad u.a. (Hrsg.): Erzählbuch zum Glauben, Bd. 2, Die Zehn Gebote. Lahr 1983, S. 122, 123.
3.5 B1 Bild	Abdruck mit freundlicher Genehmigung aus: Julius Schnorr von Carolsfeld, Die Bibel in Bildern © 1999 SCM Hänssler, D-71088 Holzgerlingen, www.scm-haenssler.de
3.7 B4 Cartoons	Waldemar Mandzel: Ab-Fall, Halbwelt. In: Waldemar Mandzel, Roland Breitenbach: Licht und Schatten. Würzburg 1990.
3.8 B2 Text	von Adolf Volbracht, aus: W. Plöger u.a. (Hrsg.): Materialsammlung für den kath. RU im 5. bis 8. Schuljahr. Essen 1973, S. 134-139.
3.8 B4 Text	„Verweht", (Text zum 4. März) aus Barbara und Hans Hug (Hrsg.), Blätter, die uns durch das Jahr begleiten © Kreuz Verlag, Stuttgart 1996.
3.8 B5 Lied	Tut mir leid, aus: Kolping-Bildungswerk (Hrsg.), Troubadour für Gott, Würzburg (6. Aufl.) 1999. S. 876.

„Ausdruck einer tieferen Wirklichkeit: Symbole und Sakramente"

4.2 B1 Fantasiereise	Lehrerband EL RS 7 - **36**
4.2 B2 Fotos	Elisabeth Birzele
4.3 B2 Text	EL RS 7 - **32**
4.4 B1 Text	Lehrerband EL RS 7 - **40**
4.5 B2 und AB Bild	Lehrerband EL RS 7 - **43**
4.6 B3 Bilder	Lehrerband EL RS 7 - **47**
4.6. AB	Lehrerband EL RS 7 - **48**
4.7.1 B2 Foto	EL RS 7 - **43**
4.7.3 B2 Zeichen und Symbole	Lehrerband EL RS 7 - **57/58**

5. Jahrgangsstufe

1. Gruppenbild von allen Schülern einer Schule (Foto)
2. Ein Frosch in der Hand eines Menschen - „Leben lassen“ (Fotostillleben)
3. Zieh weg aus deinem Land! (Filmszenenfoto)
4. Abraham und Lot (Filmszenenfoto)
5. Abraham und Sarah (Filmszenenfoto)
6. Anita Rée - Teresina
7. Zur Ruhe kommen (Fotostillleben)
8. Erdfunkstelle Fuchsstadt - „Auf Empfang“
9. Martin Schongauer - Christi Geburt
10. Rembrandt - Jesus
11. Jesus wird abgelehnt (Filmszenenfoto)
12. Baustil Romanik: St. Michaelskirche Fulda; Baustil Gotik: Kölner Dom
13. Baustil Barock: Kirche von Ottobeuren; Baustil modern: Kirche in Ronchamp
14. Kind im Müll unter einer Decke (Foto)
15. Missioplakat 1985 – „Kinderwelten“
16. Beate Heinen - Das Gleichnis vom Barmherzigen Samariter I
17. Beate Heinen - Das Gleichnis vom Barmherzigen Samariter II
18. Pedro Almanzar „Mein Zuhause ist die Straße“- „Ich muss betteln“ (Buchillustrationen)

6. Jahrgangsstufe

1. Christo und Jeanne-Claude - Verhüllte Küste
2. Caspar David Friedrich - Morgen im Riesengebirge
3. Arnulf Rainer - Mose vor dem brennenden Dornbusch
4. Sieger Köder - Elija am Horeb
5. Hildegard von Ringen - Die wahre Dreiheit in der wahren Einheit
6. Römische Segelschiffe
7. Römisches Reich - Ausbreitung des Christentums (Karte)
8. Legende der Kreuzesvision des Kaisers Konstantin (Miniatur)
9. Salvador Dali - Die Beständigkeit der Erinnerung oder Die zerrinnende Zeit
10. Keith Haring - Medien-Gewalt
11. Karl Hofer - Der Rufer
12. Sederabend und Sedermahl am Paschafest
13. Mauerspecht an der Berliner Mauer (Foto)
14. Heißluftballone (Foto)
15. Salvador Dali - Meditative Rose
16. Walter Uihlein - Symbole im Märchen „Frau Holle“
17. Ulrich Martini - Es begab sich zu der Zeit
18. Rembrandt - Auferstehung Christi

Best.-Nr. **3042**

Best.-Nr. **3043**

7. Jahrgangsstufe

1. Salvador Dali - Das Abendmahl (Ausschnitt)
2. Schatzkammer Evangeliar (Aachen) - Die vier Evangelisten (Buchmalerei)
3. Edward Hicks - Das Königreich des Friedens
4. Willy Fries - Das große Gastmahl
5. Jeff Wall - A fight on the Sidewalk
6. Frauen aus Kabul (Foto)
7. Türkische Speisen und Getränke (Foto)
8. Freitagsgebet in der Moschee (Foto)
9. Große Moschee in Damaskus - Innenansichten (Foto)
10. Die Kaaba in Mekka (Foto)
11. Katharina Fritsch - Tischgesellschaft (Detailansicht)
12. Thomas Ruff - Porträt S. Buch
13. Gefangener Vogel im Netz (Foto)
14. Jonathan Borofsky - Man walking to the sky (Großplastik)
15. Ugo Rondinone - Heyday (Skulptur)
16. Bildschnitzer Lothar Bühner (Foto)
17. Innenansicht der evangelischen Kirche St. Johannes in Regensburg; Innenansicht (Ikonostase) der orthodoxen Kirche hl. Maria Magdalena in Darmstadt
18. Uwe Pfeifer - Tischgespräch mit Luther

8. Jahrgangsstufe

1. Katharina Fritsch - Mann und Maus
2. Wahrsagerin (Foto)
3. René Magritte - Das Reich der Lichter
4. Alte und pflegebedürftige Menschen (Fotos)
5. Vincent van Gogh - Der gute Samariter
6. Mädchen und Junge (Fotos)
7. Mädchen hinter einer Hecke (Diamontage)
8. Roy Lichtenstein - Hopeless
9. Tefillin, Tallit, Zizit und Kippa (Foto)
10. Ernst Alt - Jude mit Tora
11. Stubenfliege (Foto)
12. Oskar Schlemmer - Tierparadies
13. Duane Hanson - Young Worker
14. Rien Poortvliet - Maria - Ankündigung der Geburt Jesu
15. Himmelstreppen (Fotomontage)
16. Beate Heinen - Noch leuchtet der Stern
17. Eugène Burnand - Am Morgen der Auferstehung
18. Thomas Zacharias
    a. Jesus sendet den Heiligen Geist
    b. Aussendung des Geistes
    c. Pfingsten

Best.-Nr. **3705**

Best.-Nr. **4306**